高中数学
教学探究与实践

林朝冰 ◎ 主编

民主与建设出版社
·北京·

图书在版编目（CIP）数据

高中数学教学探究与实践 / 林朝冰主编. — 北京：
民主与建设出版社，2020.7

ISBN 978-7-5139-3107-6

Ⅰ.①高… Ⅱ.①林… Ⅲ.①中学数学课—教学研究
—高中 Ⅳ.①G633.602

中国版本图书馆 CIP 数据核字（2020）第110315号

高中数学教学探究与实践
GAOZHONG SHUXUE JIAOXUE TANJIU YU SHIJIAN

主　　编	林朝冰
责任编辑	刘　芳
封面设计	姜　龙
出版发行	民主与建设出版社有限责任公司
电　　话	（010）59417747　59419778
社　　址	北京市海淀区西三环中路 10 号望海楼 E 座 7 层
邮　　编	100142
印　　刷	北京政采印刷服务有限公司
版　　次	2022年6月第1版
印　　次	2022年6月第1次印刷
开　　本	710 毫米 × 1000 毫米　　1/16
印　　张	14.25
字　　数	257千字
书　　号	ISBN 978-7-5139-3107-6
定　　价	45.00 元

注：如有印、装质量问题，请与出版社联系。

编 委 会

广东省林朝冰名教师工作室概况

　　广东省林朝冰名教师工作室于2014年9月由云浮市教育局授牌成立，2018年5月升格为广东省名教师工作室，工作室以"传播数学本真，学习、构建、创新"为理念。在工作室主持人林朝冰的带领下，工作室精心规划、悉心引领、用心工作。经过多年的探索和实践，现已成为一个依托工作室平台，以教学、科研、培训为核心，致力于中学数学教育教学研究和交流的团队，并形成了学习与研究共同体，也是一个融科学性、实践性、研究性于一体的研修团队。

数学是最古老的学科之一，著名画家达·芬奇说过："在科学中，凡是用不上数学的地方，凡是和数学没有联系的地方，都是不可靠的，数学是一切科学的基础。"

数学是美的，数学是文化中的文化，数学是科学的精髓，数学是人类智慧的精华，数学是亮丽风景，数学是异草奇葩。

然而，数学又是苦涩枯燥的，它是无数学生心中的噩梦。教师该怎么教，学生怎样学？一直是教育界讨论的热门话题。

从教30多年来，我一直在不断探索让学生学好数学、提高数学素养的方法，也做过许多尝试，并积累了一些心得。

2003年3月教育部颁布的《普通高中数学课程标准（实验）》将数学教学改革向前推进了一大步，也点燃了我的研究热情，于是就有了《展示数学的人文魅力，提高学生的数学素养》《转变思路，搞好向量教学》等文章。2018年1月教育部颁布了《普通高中课程方案和课程标准（2017版）》，开创了教学改革的新时代，于是又有了《追根溯源，突破瓶颈，提升数学核心素养》和《挖掘数学问题的本质，培养学生核心素养》等文章。

我一直希望数学不再是学生的噩梦，人人都能理解数学，热爱数学，应用数学。我常常思考：教给学生数学知识之余，还能教给学生什么？多年以后，学生遗忘了数学知识，还能留下些什么？

于是就有了"启疑—生疑—研疑"三段式教学法，有了《数学教什么》这篇文章。

一枝独秀不是春，万紫千红春满园。近年来，广东省林朝冰名教师工作室的成员们也积极投身到教学研究的大潮中，收获了很多心得体会，为工作室的建设贡献了一份力量。

希望我们的努力能给广大的数学教育工作者一些启发，同时也为山区高中数学教育尽绵薄之力。

林朝冰

2019 年 12 月

上 篇

工作室主持人案例成果集

下　篇

工作室成员案例成果集

上 篇
工作室主持人案例成果集

数学教什么

广东省云浮市邓发纪念中学 林朝冰

在人类文明发展的进程中，在科技发展的历程里，数学发挥了巨大的作用。特别是在科技发达的今天，数学的作用是毋庸置疑的。然而，著名的数学家波利亚曾统计，学生中学毕业后，研究数学或从事数学教育的人只占 1%，使用数学的人占 29%，基本不用或很少用数学的人多达 70%，即便是在科技应用广泛而深入的现代，对大多数人而言，可能一辈子也用不到那些中学学过的数学知识，更不用说高等数学知识，那些数学的概念、定理、公式不久就被遗忘了。

从教 30 多年来，教过各种层次的学生，有数学学习上非常有天分的学生，也有数学学习上很不开窍的学生，特别是面对数学学习有困难的学生时，他们常常问我一个问题："学习数学有什么用？"在他们看来，普通人只要会算数就够了。

人们常常以学生的成绩来衡量教师，都关注是否教出了全省前十？全市前十？殊不知决定学生成绩的因素有很多，全省前十、全市前十的学生终究是凤毛麟角，大部分学生虽不至于谈数学色变，但也远没有到爱数学的地步，如果以这一标准来衡量数学教师，那么广大的数学教师就只能是"平凡"的。

以上种种促使我思考：数学教什么？在教给学生数学知识的同时我们还应该教点什么？既然数学知识很快就被遗忘，那么应该让学生留下的是什么呢？

数学教育的培养目的有两个，一是为国家培养优秀的科学研究和教育人才，二是"培养和提高学生的数学核心素养，实现人人都能获得良好的数学教育，不同的人在数学上得到不同的发展"。第二个目的显得更为重要，我们应甘于"平凡"，致力于"挖掘数学的育人价值，增强数学教学的育人功能"，培养学生学习数学的兴趣，"引导学生会用数学眼光观察世界，会用数学思维思考世

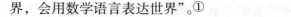

界，会用数学语言表达世界"。①

数学的概念、定理、公式可能很快被遗忘，学生在数学学习的过程中所得到的做人的道理，对世界的好奇心和探究精神，通过数学训练后思维更具条理性、逻辑性、深刻性和全面性，以及用数学的思维方式来思考、分析、解决问题，这些东西是不会被遗忘的，它已经融入人的素养当中，这就是数学文化的作用所在吧。

一、教做人，秉承"学数学就是学做人"的治学理念

1. 教会学生做一个自信的人

自信心是一种反映个体对自己是否有能力成功地完成某项活动的信任程度的心理特性，是一种积极、有效地表达自我价值、自我尊重、自我理解的意识特征和心理状态。自信是对自己的信念、能力和力量的正确认识和评估，是对自身能力的确信，深信自己一定能做成某件事，实现所追求的目标。

自信是成功的第一秘诀，许多取得非凡成就的人物在总结自己成功经验时，都十分强调自信心的重要性。美国心理学家 W. 詹姆斯就说过："面对成败难卜的事业，取得成功的唯一条件就是信心。"英国文学家培尔辛也说过："除了人格以外，人生最大的损失，莫过于失掉自信心了。"

许多时候，学生解不了题不是他的知识没有掌握，而是他的信心不足！有了几次不成功的经历后，学生开始怀疑自己，即便他的解题思路是对的，他也不敢尝试。因此，教师应当鼓励他大胆尝试，相信经过自己不懈的努力，一定能解决这个问题。

当然教师的选题相当重要，应当根据学生的知识掌握情况循序渐进，让学生不断地体验成功的喜悦，经过一段时间的训练，必能提升学生的自信心，从而学会做一个自信的人。

2. 教会学生做一个意志坚定的人

意志力是指一个人自觉地确定目的，并根据目的来支配、调节自己的行动，克服各种困难，从而实现目标的品质，坚定的意志是每个人必备的优良品质之一。历史上依靠坚定的信念最终获得成功的事例比比皆是：中国共产党依靠坚

---

① 中华人民共和国教育部．普通高中数学课程标准（2017 年版）［M］．北京：人民教育出版社，2018．

定的信念，领导人民经历了 28 年的艰苦的斗争，牺牲了成千上万的先烈，才取得了建立新中国这一伟大的成功；美国著名女作家海伦·凯勒，双目失明、两耳失聪，凭着她永不言弃的信念和坚定的意志，从一个让人同情的默默无闻的残疾人成为让全世界尊敬的女作家。

学生大多害怕复杂的运算，并不是运算有多么的难，也不是学生的能力不够，而是他们不想、不愿去算，坚持不下来。六大数学核心素养中，运算能力就是其中之一，因而引导、鼓励学生坚持下去，适当地指导一些运算技巧，帮助学生完成运算，让学生体验成功的喜悦，逐渐培养学生的意志力和核心素养是我们数学人责无旁贷的义务。

3. 教会学生做一个坚持不懈的人

一个人成功与否与他的智商无关，自身一切平平，甚至常常被视为愚钝之人，只要他们从不懈怠，一直在属于自己的一片领域中辛勤耕耘，终于会有一天，脱颖而出，名列前茅！所以说"咬定青山不放松""坚持不懈，不断付出"也是每个人必备的优良品质之一。

历史上依靠坚持不懈的努力最终获得成功的事例比比皆是：司马迁继承父亲遗志，继任太史令，为了完成《史记》的创作，一直发奋努力，甚至被捕入狱，处以宫刑，在形体和精神上受到巨大的创伤，也没有磨灭他完成《史记》创作的决心，出狱后他忍辱含垢，历经 14 年的不懈努力，终于完成了《史记》的创作。阿里巴巴创始人马云，对梦想从不放弃。他曾经想考重点小学，但失败了；考重点中学也失败了；考大学更是考了三年才考上；想念哈佛大学也没有成功。但他有坚持不懈、勇往直前的精神，他通过自己不懈的努力，最终成功了，他说：梦想，要脚踏实地，和眼泪是息息相关的。

数学的学习是一个长期而又艰苦的过程，有的学生付出了艰苦的努力，但数学成绩往往与付出不成正比，每一次测试成绩都不理想，久而久之学生就产生了放弃学习的想法。这个时候教师应适时地进行引导，肯定学生的优点，帮助学生寻找问题所在，改进学习方法，依据学生的知识层次，调整测试方案，鼓励学生坚持不懈地努力学习。这种"数学虐我千万遍，我爱它依然如初恋"的精神，将对他的人生产生积极影响。

二、教数学文化，培养数学素养

1. 介绍数学发展历史，体会数学知识的发生过程

著名数学家外尔曾经说过："如果不知道远溯古希腊各代前辈所建立和发展的概念、方法和结果，我们就不可能理解近 50 年来数学的目标，也不可能理解它的成就。"著名数学史家 M. 克莱因也说过："历史呈现了知识的来龙去脉，诉说了人类认识如何步步深入。在抽象的过程中，我们就能体会和把握认识提升的关键。"

数学源于生活，数学教学过程中如果不介绍知识产生的历史和过程，学生就体会不到数学知识产生的必要性，就不能体会数学的作用，也就提不起学习数学的兴趣。例如，在计算机技术如此发达的今天，对数的计算作用显然已经弱化了，如果不介绍对数的发明史，学生就无法体会对数思想的巧妙，也无法体会对数在人类科技发展史上所发挥的巨大作用，学生会认为这只不过是数学家在玩数字游戏，对现实生活没什么用，学习兴趣自然不高。

再如，16 世纪欧洲资本主义进入了一个生产迅速发展、思想普遍活跃的时代，生产实践积累了大量的新经验，并提出了大量的新问题。然而，对于机械、建筑、水利、航海、造船、显微镜和火器制造等领域的许多数学问题，已有的常量数学已无能为力，人们迫切地寻求解决变量问题的新数学方法。17 世纪前半叶，法国数学家笛卡儿和费尔马引入坐标和方程，解决了当时的一些几何难题，创立了解析几何学。

通过介绍解析几何的发展史，使学生体会数学对人类文明发展的重大作用，体会解放思想大胆创新的重要性，激发学生学习数学的热情。

2. 再现知识的形成过程，培养学生的创新能力

德国教育家第斯多惠指出："教师要做的不是奉送真理，而是教人发现真理。"数学教学是数学思维活动的教学，它不仅要传授现成的数学结论，思维能力的训练和认识能力的提高才是数学教学的首要任务。任何一个数学知识的形成，都是前人创造和创新的结果，再现知识的形成过程能让学生体会和学习前人的创新精神和创新方法，体验前人是怎样提出问题和解决问题的，又是怎样把获得的知识引申、发展和应用的，从而培养学生的创新能力。

例如：在教授"两角和与差的余弦公式"这一内容时，先抛出问题："不查表或不用计算器你能计算 $\cos 15°$ 吗？"通过特殊角之间的关系 $15° = 45° - 30°$

我们猜想 $\cos15° = \cos(45° - 30°) = \cos45° - \cos30°$ 成立吗？学生通过分析很容易否定猜想。引导学生将问题转化为"怎样求出 $\cos(\alpha-\beta)$ 的值？""$\cos(\alpha-\beta)$ 与 $\cos\alpha$、$\cos\beta$ 之间有什么关系？"接着引导学生观察表1。

表1 特殊角的三角函数

$\sin30° = \dfrac{1}{2}$	$\sin60° = \dfrac{\sqrt{3}}{2}$	$\sin90° = 1$
$\cos30° = \dfrac{\sqrt{3}}{2}$	$\cos60° = \dfrac{1}{2}$	$\cos90° = 0$

得出 $\cos30° = \cos(90° - 60°) = \cos90°\cos60° - \sin90°\sin60°$，

或 $\cos30° = \cos(90° - 60°) = \cos90°\cos60° + \sin90°\sin60°$.

再猜想：$\cos(\alpha-\beta) = \cos\alpha\cos\beta - \sin\alpha\sin\beta$，

或 $\cos(\alpha-\beta) = \cos\alpha\cos\beta + \sin\alpha\sin\beta$，接着尝试证明这两个猜想。

通过这样的情境，再现了两角差的余弦公式的形成过程，让学生实际经历观察、实验、猜想、验证、推理及交流的过程，培养了学生的核心素养。

3. 能用、善用数学语言描述世界

美国天文学家、天体物理学家卡尔·萨根说过："没有一种语言比数学语言更通用、更简单、更少谬误和更不能含混，更适合用来表述天然事物之间的各种关系。"数学语言以其简明、准确和严密著称，数学语言可分为文字语言、符号语言和图形语言三种，教学中教师应当让学生有充足的时间和空间去领略文字语言的严谨之美，符号语言的简洁之美以及图形语言的结构之美等，同时在三种语言的转化中去强化美，加强学生的美感体验。通过三种语言的反复转化，使学生体验到数形结合思想，从而迸发数学语言的内在之美。

人们常常自觉不自觉地用上数学语言，比如当用日常语言描述一件事情无法表达清楚的时候，人们往往会借助图形来表达，这就是数学的图形语言。

理论物理学家大栗博司曾在《用数学的语言看世界》一书中，举了1994年在美国洛杉矶发生的欧·杰·辛普森谋杀案审判过程中，辩护律师哈佛大学法学院的艾伦·德肖维茨教授利用数学语言把控方的一个有力证据废掉的例子。当时艾伦·德肖维茨引用了美国联邦调查局的一个犯罪统计，即虐待妻子的2500名丈夫中只有1人杀害了自己的妻子，认为有家庭暴力的丈夫杀害妻子的概率是1/2500，因为这个概率极小，所以作为证据并无意义，主张忽略家庭暴力这个证据。结果检察院无力反驳，最终无法让陪审员信服辛普森的施暴行为造成了杀人行为。

实际上，德肖维茨教授忽略了一个重要的信息，即"妮科尔·布朗已经被杀害了"。如果把这个条件加进去的话，问题就应当是"有家庭暴力，而且妻子遇害时，丈夫杀害妻子的概率"。据说在美国，已婚女性被丈夫以外的人杀害的概率为 20 000 人中有 1 个人。假设受到家庭暴力的妻子为 100 000 人，其中有 5 人遇害的原因与家庭暴力无关。另一方面，受到家庭暴力的妻子被丈夫杀害的概率为 1/2500，即 100 000 人有 40 人被丈夫杀害。遇害的妻子总共为 40 + 5 = 45 人，其中被丈夫杀害的妻子为 40 人，所以受到家庭暴力的妻子被杀害时，丈夫是犯人的概率为 89.99%！也就是说，只要能够证明辛普森有家庭暴力，他杀害布朗的概率为 89.99%！显然这是一个非常高的概率，所以，这是一个重要的证据。近 90% 的概率也足以用来反驳德肖维茨教授的主张，可见数学语言在日常生活中相当有用和重要。

我们常常希望人人都能理解数学、应用数学，不再谈数学色变。我们常常希望学生在忘掉数学的公式、定理后依然能留下一些东西。我想只要我们在教学中时刻不忘用数学文明、数学文化去滋润学生的心灵，学生必将会让数学文化融入他的生活的各个方面。

山区学校高中数学"启疑—生疑—研疑"三段式教学法初探

广东省云浮市邓发纪念中学　林朝冰

随着课程改革的不断推进,以问题为载体的互动课堂模式成了大家的共识,从而产生了"问题探究式教学法",但山区学校学生自主学习和提出数学问题能力的整体水平较低,学生对数学问题的表述能力差、学生的思维品质不利于数学问题的提出等因素使得"问题探究式教学法"在山区学校高中数学教学过程中水土不服,笔者结合"导学式教学法"探索出适合山区学校高中数学教学的"启疑—生疑—研疑"三段式教学法。

一、"启疑—生疑—研疑"三段式教学法的含义及模式结构

1. 含义

"启疑—生疑—研疑"三段式教学法是指教师科学地、不留痕迹地创设出有价值的情境,启发学生产生问题,并引导学生以疑生疑、研疑答疑的教学模式。通过启疑的过程,让学生成为主动的知识构建者,教师则起着引导与助推的作用;通过以疑生疑,让问题贯穿整个课堂,并让学生带着问题走向课外,让课外成为课堂的一部分;通过研疑答疑的过程,使学生的自主探研精神得到充分的发挥,学生不再是学习者,而是研究者。

2. 模式结构

启疑——教师根据教学内容,创设出有价值的情境和问题,激发学生的学习兴趣,激发学生的探究欲。

生疑——根据教师提出的情境和问题,让学生从不同的角度和方向去思考

问题，通过新旧知识的结合、改变条件、一题多解、一题多变等方法，引导学生大胆质疑，提出新的问题。

研疑——学生提出新问题后，在教师适当的引导下筛选出有价值的问题，并对问题进行自主研究，使其对问题产生较全面的认识，并在逐步研究、总结的过程中发现新的问题，形成知识体系，使学生在学习过程中的主动性得以发挥。

二、"启疑—生疑—研疑"三段式教学法的实施

1. 启疑—生疑

在数学学习过程中，学生往往不知道应以什么问题来作为研究的对象与内容，"无处生疑"是很多学生在高中数学学习过程中的真实写照。因此，启疑就是引导学生发现问题、形成问题，然后以问题引导进行深入研究。

如在学习"零点存在性定理"时，教师先提出问题：若函数 $y = f(x)$ 是连续不断的函数，且有一个零点，则函数零点附近的函数值有何特征？

通过引导学生讨论研究后得出以下结论：有两种情况，一种为函数图像不穿过 x 轴；另一种是函数图像穿过 x 轴。

第一种情况，零点附近函数值同号。那我在零点两端各选一个代表 a，b，则它们对应的函数值 $f(a)$，$f(b)$ 的乘积大于 0；第二种情况，无论函数图像怎么穿过，都有零点左右函数值异号，同样，我在零点两端各选一个代表 a，b，则它们对应的函数值 $f(a)$，$f(b)$ 的乘积就小于 0。至此问题得以解决。

此时，教师通过引导学生逆向思维让问题诞生出新的问题：

（1）如果函数的图像是连续不断的一条曲线，满足 $f(a) f(b) > 0$，那么函数在区间 (a, b) 内一定有零点吗？通过引导学生讨论研究后得出的结论是：不一定。然后，教师又引导学生如果改变以上问题的条件，从而诞生出新的问题。

（2）如果函数的图像是连续不断的一条曲线，满足 $f(a) f(b) < 0$，那我就不妨设 $f(a) < 0$，$f(b) > 0$，那么函数在区间 (a, b) 内一定有零点吗？通过引导学生讨论研究后得出的结论是：一定有！经过教师的引导，学生了解了提出问题的切入点，通过改变思维的方向，改变结论的条件、角度等可以诞生出新的问题。使学生有了质疑的方向，调动了学生质疑的主动性。

如在得出"零点存在性定理"后，教师让学生们结合已有知识，进行大胆尝试时，他们随即创造出了很多不同的问题：①将定理中的条件"函数 $y = f$

(x) 的图像在区间 $[a, b]$ 上是连续不断的一条曲线" 去掉，定理是否成立？②将定理中的条件 "$f(a)f(b) < 0$" 改为 "$f(a)f(b) \leqslant 0$"，定理是否成立？③定理中的条件不变的情况下，函数 $y = f(x)$ 在区间 (a, b) 内是不是只有一个零点？④将定理中的 "区间 $[a, b]$" 改为 "区间 (a, b)" 定理是否成立？有些问题可能有些幼稚，但这是学生主动质疑，大胆进行自主研究的结果，是 "启疑—生疑—研疑" 三段式教学法的第一步。

2. 研疑

学生经过 "启疑—生疑" 产生了新的问题后，教师要通过适当的引导，让学生筛选出有价值的问题，然后围绕问题的产生进行分析，从而做出科学而合理的判断，感受知识形成的整个过程，从中获得并掌握分析的方法与技巧，获取能力。在这里，教师的适当引导是关键，适当合理地引导不但能让研究顺利进行，还可以使之达到一个更深的层次。如在复习球内接几何体的相关计算时，先让学生完成问题：

设长方体的长、宽、高分别为 1，1，2，其顶点都在一个球面上，如图 1 所示，求该球的表面积。

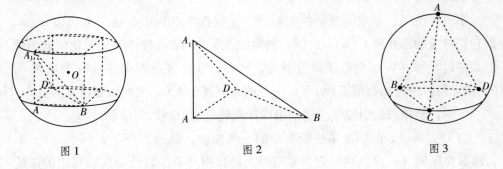

图 1   图 2   图 3

此问题比较简单，学生能很快得出答案。这时教师提出新问题：

解决这个问题的关键是什么？（找到球心的位置）

接着教师引导学生主动质疑，大胆提出问题，教师提示学生的切入点应该从改变内接几何体的形状开始，得到以下问题：

① 将问题中的条件 "长方体" 的棱去掉一部分后改为 "三棱锥 $A_1 - ABD$" 如图 1 所示，问题应如何解决？

② 将问题①中的底面改为 "正三角形" 如图 2 所示，问题应如何解决？

③ 将问题中的条件 "长方体" 改为 "正三棱锥 $A - BCD$" 如图 3 所示，问题应如何解决？

问题①学生很快就讨论出采用"补形法"将三棱锥补成长方体来解决，在解决问题②时，学生就产生了分歧，有部分学生认为可以采用"补形法"将三棱锥补成四棱柱来解决问题，但另一部分学生则认为不能用"补形法"，却找不出理由，一时间讨论陷入了僵局。这时教师可以引导他们从"球心到底面的投影应当在底面多边形的什么位置"这个角度着手研究，可以让学生很顺利地就能找到问题的关键在于"找到底面多边形外心！然后再向与底面垂直的方向找球心"，找到球心的位置是解决球内接几何体相关计算问题的关键。

学生在研究的过程中，难免会碰到一些瓶颈导致研究无法继续深入，这时教师就要发挥引导的作用，巧妙地引导学生去寻找突破瓶颈的方法，开拓他们的思路，让他们在最终的问题解决中掌握更多的数学思想与方法。

三、结束语

"启疑—生疑—研疑"三段式教学法是以问题为核心的教学方法。把问题带进课堂，不仅能有效调动和激发学生思维，而且使学生在提出问题、分析问题和解决问题的学习过程中，亲身体验数学知识的产生和形成过程，促进数学解题探究能力和创新实践能力的发展。

但由于学生的能力差异以及个性差异等，很难兼顾到每个学生，学生在生疑和研疑的过程中，有很多的不确定性。一旦教师做出不适当的引导，会很容易挫伤到个别学生的积极性，效果适得其反。因此，教师要特别注重引导与启发。既要激发学生进行自主探索的积极心理，同样也要给学生预留出独立研究的空间。在高中数学的教学实际中，教师只有处理好主导作用与主体地位两者之间的关系，才能够做到科学指导，"引""放"自如。

高中数学"启疑—生疑—研疑"
三段式教学法的实践

——以"直线与平面垂直的判定"为例

广东省云浮市邓发纪念中学　林朝冰

高中数学"启疑—生疑—研疑"三段式教学法是通过引导学生以疑生疑的环节，进入研疑答疑环节，进而解决问题的教学模式，在《山区学校高中数学"启疑—生疑—研疑"三段式教学法初探》一文中，笔者对它的含义、模型结构以及实施做了详细的论述，本文将以"直线与平面垂直的判定"为例，对高中数学"启疑—生疑—研疑"三段式教学法的实施做进一步的阐述。

一、"启疑—生疑—研疑"三段式教学法的理论基础

《普通高中数学课程标准（2017 年版)》（以下简称《新课程标准》）明确指出："高中数学教学以发展学生数学学科核心素养为导向，创设合适的教学情境，启发学生思考，引导学生把握数学内容的本质。提倡独立思考、自主学习、合作交流等多种学习方式，激发学习数学的兴趣，养成良好的学习习惯，促进学生实践能力和创新意识的发展。"

《新课程标准》最大亮点是建构了核心素养体系，给出了数学抽象、逻辑推理、数学建模、直观想象、数学运算和数据分析等六大数学核心素养，并以核心素养统领学业质量标准研制、教材编写、教学实施、考试评价等。

高中数学核心素养是指通过学习高中数学的知识与技能、思想与方法而习得的、让学生终身受益的重要观念，学生解决问题时所需要的综合性能力与必备品格。以素养培养为导向是今后高中数学教学与评价的主要任务，关注核心

素养的培养是高中数学教学的首要任务。

"启疑—生疑—研疑"三段式教学法正是通过创设合适的教学情境，启发学生思考产生疑问，引导学生研究疑问从而把握问题的本质，倡导独立思考、自主学习、合作交流的教学法，它完全契合了《新课程标准》的理念，是培养核心素养的具体实施办法。

二、"启疑—生疑—研疑"三段式教学法实施应注意的几个问题

1. "启疑—生疑—研疑"三段式教学法实施的基本框架

"启疑—生疑—研疑"三段式教学法的实施是基于《新课程标准》，立足课堂，依托教材，学生自主研究，教师适当引导，使教学、考试、评价都保持其一致性而进行的，它的基本框架如图1所示。

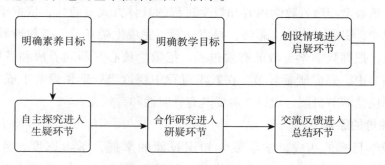

图1　三段式教学法实施的基本框架图

2. 素养目标的制定原则

《新课程标准》指出："数学核心素养是数学课程目标的集中体现，是在数学学习的过程中逐步形成的①。"核心素养的形成，需要通过每一节课的有效学习来实现。因此，在制定素养目标时，要明确核心素养培养的具体目标，还要明确体现核心素养不同层面达成水平要求的教学内容；更要将高中数学六大核心素养的要求具体化为每一节课的可操作性教学目标。

3. 教学目标的制定原则

教学目标的制定要从学生的学情出发，制定清晰、具体化可达成的目标，起到有效地指导学生学习数学的目的；教学目标的制定还要关注全局，要把课

---

① 中华人民共和国教育部. 普通高中数学课程标准（2017 年版）［M］. 北京：人民教育出版社，2018.

程目标、单元目标和课堂教学目标统筹制定，同时还要关注它们的层次性，要根据学生核心素养水平达成的阶段性、连续性、整合性来制定教学目标，同时关注跨学科整合核心素养培养目标，关注数学核心素养目标在课堂教学中的可实现性。

4. 教学内容重难点的确定原则

在教学重难点的确定上，要根据特定教学任务，注意数学核心素养与具体教学内容的关联，确定相应核心素养在教学中的发生、发展和升华，从而明确教学重点；同时要明确知识的来龙去脉，整体把握教学内容，做到教学的准、精、简，促进数学核心素养持续发展。

5. 教学过程的设定原则

根据教学任务精心设计教学情境，引导学生产生疑问和问题，完成启疑环节。确定核心素养融入教学内容和教学过程的具体方式及载体，依据学生学习数学的规律，引导学生独立思考，提出问题，完成生疑环节。抓住所教数学内容的本质，把握数学学与教的有效过程，把数学核心素养的养成和发展渗透、呈现在教学中，完成研疑环节。在教学过程中要恰当处理预设与生成的关系，灵活运用反馈调节机制，设计练习要具有针对性和有效性。

6. 评价的原则

以教学目标的达成，学生数学知识技能的掌握，学习态度、数学核心素养水平的达成为依据，注意评价的整体性与阶段性，做到评价形式的多样化。

三、"启疑—生疑—研疑"三段式教学法课例举例

课题：人教 A 版必修 2 第二章第三节"直线与平面垂直的判定"（第 1 课时）

1. 教学内容与教学目标

理解直线与平面垂直的定义，根据定义归纳出直线与平面垂直的判定定理，并能简单应用定义和判定定理。

2. 能力目标

通过对判定定理的探究和运用，初步培养学生的几何直观能力和抽象概括能力。

3. 素养目标

数学抽象，逻辑推理，直观想象。

4. 落实核心素养目标的具体内容

能够在导入情境中归纳并形成线面垂直判定定理，能够运用归纳出的判定定理解决简单线面垂直问题。

在证明线面垂直的过程中，能直观想象并构建线面垂直的几何图形，并能用准确的数学语言去表述论证线面垂直。

5. 教学方式

本节课采用"启疑—生疑—研疑"三段式教学法，利用熟悉的生活创设情境，引导学生产生疑问，完成启疑和生疑的环节，再通过师生、生生合作交流和以学生为主体的探究式学习展开研疑的教学环节。通过从情境中抽象出直线与平面垂直的定义以及判定方法，培养学生数学抽象的核心素养。通过合作探究，明确线面垂直的判定定理的内涵，并在应用定理的过程中培养学生的逻辑推理及直观想象等核心素养。

6. 教学过程

（1）启疑环节。提问复习：我们研究了直线和平面平行，直线在平面内是平面几何的内容，今天我们来研究直线和平面相交的一种特殊情况，直线与平面的位置关系有哪几种？

启疑：类比直线与直线的位置关系，你认为直线与平面相交的时候还可以有什么样的位置关系？从而引出本节课的重点之一——直线与平面垂直的定义。

（2）生疑环节。怎么给直线与平面垂直下定义呢？

设计意图：复习已学过的知识，巩固直线与平面的位置关系，为引入直线与平面的垂直做铺垫，并由此过渡到本节课的重点知识之一。使学生在熟悉的情境中，发现图形的关系。能够用数学语言表达直线与平面的位置关系，并能进行简单的推理论证。

（3）研疑环节。通过现实生活情境让学生感受什么样的位置关系可以理解为直线与平面的垂直，小组成员通过实物操作，交流讨论自己对直线与平面垂直的理解，并用语言描述出来，归纳小组成员的观点形成直线与平面垂直的定义。

通过研疑，进一步理解定义中任意一条直线与无数条直线的区别，让学生自己感知任意一条与无数条的区别。

设计意图：创设情境，激发学生学习动机，从实例到实物再到实际生活，直观感知直线和平面垂直的位置关系，从而建立初步印象，为下一步的数学抽象做好准备。观察归纳，形成概念，"标准图形"可以对概念的本质特征起到强化作用，反例不仅可以帮助加深概念的理解，而且有助于发展空间想象能力。

再启疑：用定义判定直线与平面垂直方便吗？

引导生疑：寻找一个方便简捷的判定直线与平面垂直的方法。

研疑：引导学生动手操作折纸实验，并提出关键问题：

① 折痕 AD 所在的直线一定与桌面所在的平面垂直吗？

② 如何翻折才能使折痕 AD 所在的直线与桌面所在的平面垂直？

③ 如何验证此时折痕与桌面垂直？

④ 如果平面外一条直线与平面内的两条直线都垂直，就能判断此直线与平面垂直了吗？

通过观察线面垂直的实例，提出疑问：怎样检验直线与平面垂直？

学生分组讨论，分别阐述自己的观点；师生共同讨论小组间得到的结论的可行性，如果按照学生得到的结论进行检验，可能会遇到点难题，并鼓励学生之间相互解答疑问。

由教师引导，学生合作交流得到直线与平面垂直的判定定理。

设计意图：动手操作解释抽象的直线与平面垂直的判定定理。借助折纸发现图形与图形之间的关系，折纸结果反映的数学本质就是要解决直线与平面垂直的判定问题。从具体到抽象，引导学生完成抽象与具体之间的相互转换。学生大胆猜想，通过合作讨论进而小心验证自己的猜想，通过观察思考，感知直线与平面垂直的本质内涵。问题（1）的答案是"不一定"；也正是因为"不一定"，所以要回答问题（2）的"如何翻折"，这也正是判断直线与平面垂直的条件。通过直线与平面垂直的定义，抽象出判定直线与平面垂直的一般规则——将空间问题划归为平面问题处理。

研疑巩固环节：

例：已知 $a /\!/ b$，$a \perp \alpha$，

求证：$b \perp \alpha$.

先组内讨论交流，再组间分享结论、展示成果，从成功解决问题的学生中汲取经验，进一步对定理加深理解。引导学生对问题条件的分析，做到"由已知想未知"，借助刚刚习得的线面垂直的定义与判定定理，不难发

现这个问题的证法有两种。

设计意图：阐述用数学问题研究实际问题价值所在，培养学生严谨的逻辑推理能力和运用数学语言的能力，使学生对线面垂直的认识由感性上升到理性。掌握直线与平面垂直的判定定理的条件与结论之间的逻辑关系，能够证明简单的直线与平面垂直的问题，通过对条件和结果的分析探索论证思路，选择合适的方法予以证明。不仅教会学生解决问题，更教会学生研究问题。

练习巩固：课本 P67 练习 1：如图 2 所示，在三棱锥 $V-ABC$ 中，$VA=VC$，$AB=BC$，求证：$VB \perp AC$.

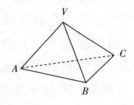

图 2

总结反思：

① 通过本节课的学习，你学会了哪些判断直线与平面垂直的方法？

② 在证明直线与平面垂直时应注意哪些问题？

③ 本节课涉及哪些数学思想和方法？

④ 本节课你还有哪些问题？

小组合作交流，相互释疑，总结归纳本节课的学习任务，以及定理应用。通过小结，使本节课的知识系统化，使学生深刻理解数学思想方法在解题中的地位和应用，培养学生认真总结的学习习惯。

设计意图：通过总结，进一步巩固直线与平面垂直的定义及判定定理的应用，掌握应用定理推理证明，进而达到有逻辑地表达与交流的目的。

作业：

如图 3 所示，$SA \perp$ 平面 ABC，$AB \perp BC$，过 A 作 SB 的垂线，垂足为 E，过 E 作 SC 的垂线，垂足为 F. 求证：$AF \perp SC$.

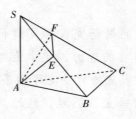

图 3

四、反思

在"启疑—生疑—研疑"三段式教学法的实施过程中,启疑、生疑、研疑三个环节并不是一成不变的,它根据具体的课堂环境进行灵活调整。

教学过程中,以直线与平面的位置关系中的相交关系为情境引出课题,并通过学生的动手操作、举例、想象和语言描述,完成启疑和生疑的环节。教学过程中关注知识的系统与联系,发挥学生生活经验的作用,引导学生回忆起在"直线与平面平行"的学习中形成的经验,使学生在熟悉的情境中,发现图形的关系并抽象概括出直线与平面垂直的定义。

在教学过程中,不断地设置"启疑"和"生疑"的环节,拓深了对定理的认识,培养了学生的直观想象与逻辑思维能力,培养了学生直观想象和逻辑推理等数学核心素养。

通过小组合作,动手操作,让学生清晰地找出线面垂直的条件是什么,在情境中学习,在情境中感悟。

要正确处理好全体与个性的关系、预设与生成的关系,这些问题仍是当前数学教学中不容忽视的问题,特别是数学核心素养在教学中如何融入、如何培养、素养达成水平如何准确把握,仍有待于进一步研究,并在实践中不断总结。

高中数学习题情境的创设策略

广东省云浮市邓发纪念中学　林朝冰

《普通高中数学课程标准（2017 年版）》指出："高中数学课程以学生发展为本，落实立德树人根本任务，培育科学精神和创新意识，提升学生学科核心素养。①"教育部考试中心在《2019 年高考数学试题评析》一文中指出："2019 年全国高考试题以高考评价体系为指导，贯彻落实教育中立德树人根本任务，突出学科素养导向，注重能力考查，体现基础性和综合性，重点突破应用性和创新性，试题以我国社会经济建设中重大项目、传统文化等真实情境为载体，情境真实多彩，贴近生活，彰显'四个自信'②"。由此可见在数学教学中创设情境的重要性，在已有的研究中，大多是关注如何创设情境导入新课，起到激发学生学习兴趣、感受数学的应用价值等作用。然而由于课堂时间的限制，课堂中创设的情境多为短小精悍型，探究的时间并不长。对学生数学抽象、数据分析、数学建模等核心素养的培养也十分有限，因此我们应当将习题情境化，把核心素养的培养延伸到课外。

一、习题情境化的必要性

习题情境化是培养学生数学抽象、数据分析、数学建模等核心素养的重要手段，是考查学生核心素养水平的重要载体。现行教材中有部分实际应用性的习题，

---

① 中华人民共和国教育部．普通高中数学课程标准（2017 年版）［M］．北京：人民教育出版社，2018.

② 中学数学课程教材研究开发中心．普通高中课程标准实验教科书数学选修 2 - 3 教师用书［M］．北京：人民教育出版社，2009.

但存在背景老化、生硬枯燥、数据过于真实，学生必须使用计算器才能解决等问题，导致大部分教师从来不布置这类习题，久而久之导致学生的数学抽象、数据分析、数学建模等素养低下。2019 年高考全国数学 1 卷的"维纳斯"、3 卷的"云朵"成为难题登上了热搜榜，由此可见一斑。

二、习题情境的创设策略

1. 以新中国成立以来的伟大成就为背景创设习题情境

习近平总书记在 2018 年全国教育大会上强调，要在厚植爱国主义情怀上下功夫，让爱国主义精神在学生心中牢牢扎根。新中国成立以来我国在社会、经济、科技等方面取得了举世瞩目的成就，"嫦娥四号""墨子号""蛟龙号"、超级计算机、高铁、共享单车等都是创设习题情境的好素材。

例 1："蛟龙号"与函数的应用相结合

2012 年 6 月 28 日我国"蛟龙号"载人潜水器成功突破 7000 米深度，创造了我国载人深潜新纪录，中国是继美、法、俄、日之后世界上第五个掌握大深度载人深潜技术的国家。"蛟龙号"在下潜过程中，遇到了海水逆流。"蛟龙号"在逆流中行进时，所消耗的能量为 $E = cv^nT$，其中 v 为行进时相对于水的速度，T 为行进时的时间（单位：小时），c 为常数，n 为能量次级数。如果水的速度为 4km/h，该生物探测器在水中逆流行进 200km。

（1）求 T 关于 v 的函数关系式。

（2）当能量次级数为 2 时，求"蛟龙号"消耗的最少能量。

（3）当能量次级数为 3 时，试确定 v 的大小，使"蛟龙号"消耗的能量最少。

例 2："墨子号"与概率统计相结合

2016 年 8 月 16 日我国完全自主研制的世界上第一颗空间量子科学实验卫星"墨子号"发射升空。"墨子号"的主要应用目标是通过卫星中转实现可覆盖全球的量子保密通信。量子通信是通过光子的偏振状态，使用二进制编码，比如，码元 0 对应光子偏振方向为水平或斜向下 45 度，码元 1 对应光子偏振方向为垂直或斜向上 45 度，如表 1 所示。

表 1　两种编码方式

	编码方式 1	编码方式 2
码元 0	←→	↗↙
码元 1	↕	↖↘

信号发出后，我们在接收端将随机选择两种编码方式中的一种来解码，比如，信号发送端如果按编码方式 1 发送，同时接收端按编码方式 1 进行解码，这时能够完美解码；信号发送端如果按编码方式 1 发送，同时接收端按编码方式 2 进行解码，这时无法获取信息。如果发送端发送一个码元，那么接收端能够完美解码的概率是＿＿＿＿＿＿；如果发送端发送 3 个码元，那么恰有两个码元无法获取信息的概率是＿＿＿＿＿＿。

例 3："嫦娥四号"与方程相结合

2019 年 1 月 3 日"嫦娥四号"探测器成功实现人类历史上首次月球背面软着陆，我国航天事业取得又一重大成就，实现月球背面软着陆需要解决的一个关键技术问题是地面与探测器的通信联系。为解决这个问题，发射了"嫦娥四号"中继星"鹊桥"。鹊桥沿着围绕地月拉格朗日 L_2 点的轨道运行，L_2 点是平衡点，位于地月连线的延长线上，设地球质量为 M_1，月球质量为 M_2，地月距离为 R，L_2 点到月球的距离为 r，根据牛顿运动定理和万有引力定律，r 满足方程：

$$\frac{M_1}{(R+r)^2} + \frac{M_2}{r^2} = (R+r)\frac{M_1}{R^3}$$

设 $\alpha = \frac{r}{R}$，由于 α 的值很小，因此在近似计算中 $\frac{3\alpha^3 + 3\alpha^4 + \alpha^5}{(1+\alpha)^2} \approx 3\alpha^3$，则 r 的近似值为（　　）

A. $\sqrt{\dfrac{M_2}{M_1}}R$　　　　B. $\sqrt{\dfrac{M_2}{2M_1}}R$　　　　C. $\sqrt[3]{\dfrac{M_2}{M_1}}R$　　　　D. $\sqrt[3]{\dfrac{M_2}{3M_1}}R$

例 4：高铁与统计相结合

我国高铁发展迅速，技术先进。经统计，在经停某站的高铁列车中，有 10 个车次的正点率为 0.97，有 20 个车次的正点率为 0.98，有 10 个车次的正点率为 0.99，则经停该站高铁列车所有车次的平均正点率的估计值为_____。

例 5："蛟龙号"与概率统计相结合

"蛟龙号"从海底中带回的某种生物，甲乙两个生物小组分别独立开展对该生物离开恒温箱的成活情况的研究，每次试验一个生物，甲组能使生物成活的概率为 $\frac{1}{3}$，乙组能使生物成活的概率为 $\frac{1}{2}$，假定试验后生物成活，则称该试验成功，如果生物不成活，则称该次试验是失败的。

（1）甲小组做了 3 次试验，求至少 2 次试验成功的概率。

（2）如果乙小组成功了 4 次才停止试验，求乙小组第四次成功前共有三次失败，且恰有两次连续失败的概率。

（3）若甲乙两小组各进行 2 次试验，设试验成功的总次数为 ε，求 ε 的期望。

选择新中国成立以来的伟大成就作为素材，既能激发学生的爱国热情，强国之志，报国之行，又能培养学生提取数据、分析数据的数据分析核心素养，同时也能培养学生数学建模的核心素养。

2. 以古代数学著作《九章算术》为素材创设习题情境

《普通高中数学课程标准（2017 年版）》指出："数学承载着思想和文化，是人类文明的重要组成部分，高中数学教学应体现数学的文化价值和审美价值。[1]"《九章算术》是勤劳勇敢的中华民族的智慧结晶，是中华文化和中华文明传承的经典之作，尊为古代数学群经之首。以它为素材创设习题情境，向学生展示我国数学文化的源远流长，彰显文化自信。

例 6：数列题材

《九章算术》是我国古代数学名著，在其中有道"竹九问题"："今有竹九节，下三节容量四升，上四节容量三升。问中间二节欲均容各多少？"意思为：今有竹九节，下三节容量和为 4 升，上四节容量之和为 3 升，且每一节容量变化均匀。问每节容量各为多少？在这个问题中，中间一节的容量为（　　　）

A. $\frac{7}{2}$　　　　B. $\frac{37}{33}$　　　　C. $\frac{67}{66}$　　　　D. $\frac{10}{11}$

例 7：圆柱体积题材

《九章算术》是我国古代著名数学经典。其中对勾股定理的论述比西方早1000 多年，其中有这样一个问题："今有圆材埋在壁中，不知大小。以锯锯之，深一寸，锯道长一尺。问径几何？"其意为：今有一圆柱形木材，埋在墙壁中，不知其大小，用锯去锯该材料，锯口深 1 寸，锯道长 1 尺。问这块圆柱形木料的直径是多少？长为 1 丈的圆柱形木材部分镶嵌在墙体中，截面图如图 1 所示（阴影部分为镶嵌在墙体内的部分）。

例 8：解析几何题材

中国古代数学名著《九章算术》中的"引葭赴岸"是一道名题，其内容为："今有池方一丈，葭生其中央，出水一尺，引葭赴岸，适与齐。问水深葭长各几何？"意为：今有边长为 1 丈的正方形水池的中央生长着芦苇，长出水面的部分为 1 尺，将芦苇牵引向池岸，恰巧与水岸齐接，问水深、芦苇的长度各是多少？将该问题拓展如图 2 所示，记正方形水池的剖面图为 $ABCD$，芦苇根部 O 为 AB 的中点，顶端为 P（芦苇与水面垂直）。在牵引顶端 P 向水岸边中点 D 的过程中，当芦苇经过 DF 的中点 E 时，芦苇的顶端离水面的距离约为＿＿＿＿＿＿尺。（注：1 丈 ＝ 10 尺，≈ 24.5）

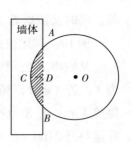

图 1

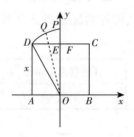

图 2

例 9：立体几何题材

《九章算术》中，将底面为长方形且有一条侧棱与底面垂直的四棱锥称之为阳马，将四个面都为直角三角形的四面体称之为鳖臑，如图 3 所示，在阳马 $P-ABCD$ 中，侧棱 $PD\perp$ 底面 $ABCD$，且 $PD=CD$，过棱 PC 的中点 E，作 $EF\perp PB$ 交 PB 于点 F，连接 DE，DF，BD，BE.

（1）证明：$PB\perp$ 平面 DEF. 试判断四面体 $DBEF$ 是否为鳖臑，若是，写出其每个面的直角（只需写出结论）；若不是，说明理由。

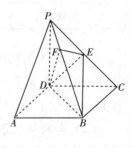

图 3

（2）若面 DEF 与面 $ABCD$ 所成二面角的大小为 $\dfrac{\pi}{3}$，求 $\dfrac{DC}{BC}$ 的值。

《九章算术》中能与高中数学内容相结合的案例还有很多，我们理应认真研读，将它与现代数学思想方法相融合，创设出丰富多彩的情境化习题，传播数学文化。

3. 以现实生活中的新事物为素材创设习题情境

以现实生活中的新事物如快递、外卖、旅游、移动支付等为素材创设习题情境，让学生倍感亲切，能极大地激发学生学习兴趣，使学生体验数学源于生活服务于生活的数学文化，能培养学生提取数据、分析数据的数据分析核心素养，同时又能培养学生数学建模的核心素养。

例 10：利用快递、外卖创设习题情境

某城市 A 公司外卖配送员底薪是每月 1800 元/人，设每月每人配送的单数为 X，若 $X \in [1, 300]$，配送每单提成 3 元；若 $X \in (300, 600]$，配送员每单提成 4 元；若 $X \in (600, +\infty)$，配送员每单提成 4.5 元。B 公司外卖配送员底薪是每月 2100 元/人，设每月每人配送的单数为 Y，若 $Y \in [1, 400]$，配送员每单提成 3 元；若 $Y \in (400, +\infty)$，配送员每单提成 4 元。小王计划在 A 公司和 B 公司之间选择一份外卖配送员工作，他随机调查了 A 公司外卖配送员和 B 公司外卖配送员在 9 月份（30 天）的送餐量数据，如表 2、表 3 所示。

表 2　A 公司外卖配送员甲送餐量

日送餐量 x 单	13	14	16	17	18	20
天数	2	6	12	6	2	2

表 3　B 公司外卖配送员乙送餐量

日送餐量 y 单	11	13	14	15	16	18
天数	4	5	12	3	5	1

（1）设 A 公司外卖配送员月工资为 $f(x)$（单位：元/人），B 公司外卖配送员月工资为 $g(y)$（单位：元/人），当 $x = y$ 且 $x, y \in (300, 600)$ 时，比较 $f(x)$ 与 $g(y)$ 的大小。

（2）若将甲、乙 9 月份的日送餐量的频率视为对应公司日送餐量的概率。分别计算外卖配送员甲和乙每日送餐量的数学期望。

（3）请利用你所学的知识为小王做出选择，并说明理由。

例 11：利用旅游创设习题情境

绿水青山就是金山银山。近年来，祖国各地依托本地自然资源，打造旅游产业，旅游业正蓬勃发展。景区与游客都应树立尊重自然、顺应自然、保护自然的生态文明理念，合力使旅游市场走上规范有序且可持续的发展轨道。某景区有一个自愿消费的项目：在参观某特色景点入口处会为每位游客拍一张与景点的合影，参观后，在景点出口处会将刚拍下的照片打印出来，游客可自由选择是否带走照片，若带走照片则需支付 20 元，没有被带走的照片会收集起来统一销毁。该项目运营一段时间后，统计出平均只有三成的游客会选择带走照片。

为改善运营状况，该项目组就照片收费与游客消费意愿关系做了市场调研，发现收费与消费意愿有较强的线性相关性，并统计出在原有的基础上，价格每下调 1 元，游客选择带走照片的可能性平均增加 0.05，假设平均每天约有 5000 人参观该特色景点，每张照片的综合成本为 5 元，假设每个游客是否购买照片相互独立。

（1）若调整为支付 10 元就可带走照片，该项目每天的平均利润比调整前多还是少？

（2）要使每天的平均利润达到最大值，应如何定价？

例 12：利用移动支付创设习题情境

某群体中的每位成员使用移动支付的概率都是 p，每个成员的支付方式相对独立，设 x 为该群体的 10 位成员中使用移动支付的人数，$Dx = 2.4$，$p(x = 4) < p(x = 6)$，求 p 的值。

4. 以教材应用性习题为素材创设习题情境

教材中有大量应用性习题，然而没有引起教师的重视，很少布置学生练习，从而使这些素材没法起到应用的作用。在教学中教师应重视利用教材应用性习题来创设习题情境，对教材应用性习题做适当修改，也便于学生完成。

例 13：人教版高中数学必修 5 习题 1.2 第 3 题

如图 4 所示，已知一艘船以 30 nmile/h 的速度往北偏东 10° 的 A 岛行驶，计划到达 A 岛后，停留 10 分钟后，继续驶往 B 岛，B 岛在 A 岛的北偏西 60° 的方向上，船到达 C 点处时是上午 10：00 整，此时测得 B 岛，在北偏西 30° 的方向，经过 20 分钟到达 D 点，测得 B 岛在北偏西 45° 度方向，如果一切正常的话，此船何时能到达 B 岛？

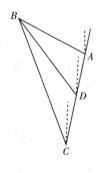

图 4

这是一道很好的情境化习题，但教材为了让它更接近现实生活，设定船的行驶方向为北偏东 10°，导致所有三角函数值都必须查表，这就大大约束了它的适用范围，若将行驶方向改为北偏东 15°，就不必查表计算了。

三、结束语

习题情境化无论在核心素养的培养方面还是在核心素养的评测方面，作用都越来越突显，在近两年的高考数学全国卷中，情境化试题的比重越来越大，教师应重视习题的情境化，精心设计适当布置，使学生的核心素养得到持续的、常态化的培养。

追根溯源，突破瓶颈，提升数学核心素养

——以高三解析几何习题讲评课为例

广东省云浮市邓发纪念中学　林朝冰

　　圆锥曲线是中学数学的重点和难点，是考查学生逻辑推理能力和运算能力的重要载体，也是学生的痛点。经过一轮复习后，学生的解题思路和运算能力都遇到了瓶颈，如何突破？很多老师常常是让学生不断刷题，使学生深陷题海，效果却差强人意。

　　任何一个习题的背后都蕴藏着一个一般性的结论，引导学生对习题追根溯源，有利于激发学生的探究欲望，激活思维，提升运算能力，突破瓶颈，同时提升学生的数学核心素养。笔者以一节解析几何习题讲评课为例，抛砖引玉。

　　题目：如图 1 所示，在平面直角坐标系 xOy 中，椭圆 C 的中心为坐标原点 O，其右焦点为 F (1，0)，且点 $P\left(1, \dfrac{3}{2}\right)$ 在椭圆 C 上。

　　（1）求椭圆 C 的方程；

　　（2）设椭圆 C 的左、右顶点分别为 A，B，M 是椭圆 C 上异于 A，B 的任意一点，直线 MF 交椭圆 C 于另一点 N，直线 MB 交直线 $x=4$ 于 Q 点，求证：A，N，Q 三点在同一条直线上。

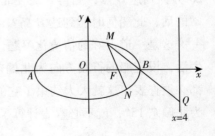

图 1

　　第（1）问比较简单，答案为：$\dfrac{x^2}{4}+\dfrac{y^2}{3}=1$。以下着重讨论第（2）问的解法。

一、一题多解，概括通法通则

提问学生：第（2）问属于圆锥曲线中的哪一类问题？解决此类问题的基本程序是什么？

学生：直线与圆锥曲线的位置关系。解决此类问题的基本程序是：设点和直线方程、联立方程并消元、根判别式定范围、韦达定理找关系。

教师：很好，回答正确。

提问学生：证明三点共线有几种方法？分别是哪些？

学生：有三种，分别是向量法、斜率法和直线方程法。

教师：很好，下面请按我们事先分好的三个小组，第 1、2、3 组分别用向量法、斜率法和直线方程法解决问题，如果遇到问题时，可以互相协助。

1. 向量法

第 1 组学生提供：

证明：（2）设 $M（x_1，y_1）$，$N（x_2，y_2）$，直线 MN 的方程为 $x=my+1$，

由方程组 $\begin{cases} x=my+1，\\ \dfrac{x^2}{4}+\dfrac{y^2}{3}=1， \end{cases}$ 消去 x，并整理得：$（3m^2+4）y^2+6my-9=0$，

因为 $\Delta=（6m）^2+36（3m^2+4）>0$，

所以 $y_1+y_2=-\dfrac{6m}{3m^2+4}$，$y_1y_2=-\dfrac{9}{3m^2+4}$，

由（1）可知，点 $A（-2，0）$，$B（2，0）$，

所以直线 BM 的方程为：$y=\dfrac{y_1}{x_1-2}（x-2）$，

将此方程与直线 $x=4$ 联立，可求得点 Q 的坐标为 $\left（4，\dfrac{2y_1}{x_1-2}\right）$，

所以 $\overrightarrow{AN}=（x_2+2，y_2）$，$\overrightarrow{AQ}=\left（6，\dfrac{2y_1}{x_1-2}\right）$.

因为 $6y_2-（x_2+2）\cdot\dfrac{2y_1}{x_1-2}$

$=\dfrac{6y_2（x_1-2）-2y_1（x_2+2）}{x_1-2}$

$=\dfrac{6y_2（my_1-1）-2y_1（my_2+3）}{x_1-2}$

$$= \frac{4my_1y_2 - 6 (y_1 + y_2)}{x_1 - 2}$$

$$= \frac{4m \left(-\dfrac{9}{3m^2 + 4}\right) - 6 \left(-\dfrac{6m}{3m^2 + 4}\right)}{(x_1 - 2)} = 0,$$

所以$\overrightarrow{AN} // \overrightarrow{AQ}$，又向量$\overrightarrow{AN}$和$\overrightarrow{AQ}$有公共点$A$，故$A$，$N$，$Q$三点在同一条直线上。

2. 斜率法

第 2 组学生提供：

证明：（2）……（同向量法）

$$k_{AN} = \frac{y_2}{x_2 + 2}, \quad k_{AQ} = \frac{y_1}{3 (x_1 - 2)},$$

$$k_{AN} - k_{AQ} = \frac{3y_2 (x_1 - 2) - y_1 (x_2 + 2)}{3 (x_2 + 2) (x_1 - 2)}$$

$$= \frac{3y_2 [(my_1 + 1) - 2] - y_1 [(my_2 + 1) + 2]}{3 (x_2 + 2) (x_1 - 2)}$$

$$= \frac{2my_1y_2 - 3 (y_1 + y_2)}{3 (x_2 + 2) (x_1 - 2)} = \frac{2m \left(-\dfrac{9}{3m^2 + 4}\right) - 3 \left(-\dfrac{6m}{3m^2 + 4}\right)}{3 (x_2 + 2) (x_1 - 2)} = 0,$$

所以$k_{AN} = k_{AQ}$，$AN // AQ$，又直线AN和AQ有公共点A，故A，N，Q三点在同一条直线上。

3. 直线方程法

第 3 组学生提供：

证明：（2）……（同向量法）

所以直线AQ的方程为：$\dfrac{y - 0}{\dfrac{2y_1}{x_1 - 2} - 0} = \dfrac{x + 2}{4 + 2}$，

化简得：$y = \dfrac{y_1}{3 (x_1 - 2)} (x + 2)$.

因为$y_2 - \dfrac{y_1}{3 (x_1 - 2)} (x_2 + 2) = \dfrac{3y_2 (x_1 - 2) - y_1 (x_2 + 2)}{3 (x_1 - 2)}$

$= \cdots$（类似斜率法）$= 0$，

所以$y_2 = \dfrac{y_1}{3 (x_1 - 2)} (x_2 + 2)$，

所以点 N 在直线 AQ 上，故 A，N，Q 三点在同一条直线上。

教师：在解题过程中你们遇到了什么困难？又是如何解决的？

第 2 组学生：在证明 $k_{AN}=k_{AQ}$ 时，原打算将 k_{AN} 通过等式变换化到 k_{AQ}，发现比较困难，经过同学协作，发现用作差的方法简便得多。

第 3 组学生：我们组也遇到了第 2 组的问题，也是通过作差的办法解决的。

引导学生概括解决此类问题的通法通则：设点和直线方程——联立方程并消元——根判别式定范围——韦达定理找关系——证明三点共线，以上三种方法看似不同，实际上都是运用根与系数的关系结合作差的手段来解决问题，本质上是一样的。

一题多解不是目的，引导学生概括解决此类问题的通法通则，发现运算技巧，提高运算能力才是重点。

二、追根溯源，揭示问题的本质

1. 推广到任意椭圆

提问学生：直线 $x=4$ 与椭圆几何量 a，b，c 之间有没有联系？

学生：$x=a^2$.

教师：再观察直线 $x=a^2$ 与椭圆的什么直线方程相似？

经过引导，学生发现 $x=\dfrac{a^2}{c}=4$，所以直线 $x=4$ 实际上是椭圆 $\dfrac{x^2}{4}+\dfrac{y^2}{3}=1$ 的右准线 $x=\dfrac{a^2}{c}$.

教师：若本题中的椭圆换成一般椭圆 $\dfrac{x^2}{a^2}+\dfrac{y^2}{b^2}=1$（$a>b>0$），结论应如何叙述？结论是否成立？若成立，你能证明它吗？

通过引导，学生得出以下结论。

结论 1：如图 2 所示，设椭圆 C：$\dfrac{x^2}{a^2}+\dfrac{y^2}{b^2}=1(a>b>0)$ 的左、右顶点分别为 A，B，$F(c,0)$ 为椭圆 C 的右焦点，M 是椭圆 C 上异于 A，B 的任意一点，直线 MF 交椭圆 C 于另一点 N，直线 MB 交椭圆 C 的右准线 $x=\dfrac{a^2}{c}$ 于点 Q，则 A，N，Q 三点在同一条直线上。

师生共同给出证明：

证明：设 $M(x_1,y_1)$，$N(x_2,y_2)$，直线 MN 的方程为 $x=my+c$，

由方程组 $\begin{cases} x = my + c, \\ \dfrac{x^2}{a^2} + \dfrac{y^2}{b^2} = 1, \end{cases}$ 消去 x，并整理得：

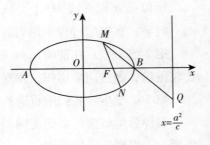

$(m^2 b^2 + a^2) y^2 + 2mcb^2 y - b^4 = 0$，因为 $\Delta = (2mcb^2)^2 + 4b^4 (m^2 b^2 + a^2) > 0$，所以 $y_1 + y_2 = -\dfrac{2mcb^2}{m^2 b^2 + a^2}$，$y_1 y_2 = -\dfrac{b^4}{m^2 b^2 + a^2}$，直线

BM 的方程为 $y = \dfrac{y_1}{x_1 - a} (x - a)$，与椭圆的右

图 2

准线方程 $x = \dfrac{a^2}{c}$ 联立，得点 Q 的坐标为 $\left(\dfrac{a^2}{c}, \dfrac{a(a-c)y_1}{c(x_1 - a)} \right)$，所以 $\overrightarrow{AN} = (x_2 + a,$

$y_2)$，$\overrightarrow{AQ} = \left(\dfrac{a(a+c)}{c}, \dfrac{a(a-c)y_1}{c(x_1 - a)} \right)$，其中 $x_1 = my_1 + c$，$x_2 = my_2 + c$.

因为 $y_2 \cdot \dfrac{a(a+c)}{c} - (x_2 + a) \cdot \dfrac{a(a-c)y_1}{c(x_1 - a)}$

$= \dfrac{a(a+c)y_2(x_1 - a) - a(a-c)y_1(x_2 + a)}{c(x_1 - a)}$

$= \dfrac{a(a+c)y_2(my_1 - a + c) - a(a-c)y_1(my_2 + a + c)}{c(x_1 - a)}$

$= \dfrac{a\left[m(a+c)y_1 y_2 - (a^2 - c^2)y_2 - m(a-c)y_1 y_2 - (a^2 - c^2)y_1 \right]}{c(x_1 - a)}$

$= \dfrac{a\left[2mcy_1 y_2 - b^2(y_1 + y_2) \right]}{c(x_1 - a)} = \dfrac{a\left(-\dfrac{2mcb^4}{m^2 b^2 + a^2} + \dfrac{2mcb^4}{m^2 b^2 + a^2} \right)}{c(x_1 - a)} = 0,$

所以 $\overrightarrow{AN} /\!/ \overrightarrow{AQ}$，又向量 $\overrightarrow{AN}$ 和 $\overrightarrow{AQ}$ 有公共点 A，故 A，N，Q 三点在同一条直线上。

教师：还能得出其他结论吗？如果有请给出理由。

学生：根据椭圆的对称性，可得出以下

结论：

结论2：如图3所示，设椭圆 C：$\dfrac{x^2}{a^2} + \dfrac{y^2}{b^2}$

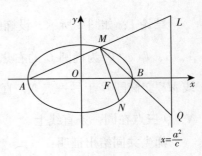

$= 1$（$a > b > 0$）的左、右顶点分别为 A，B，$F(c, 0)$ 为椭圆 C 的右焦点，M 是椭圆 C 上异于 A，B 的任意一点，直线 MF 交椭圆 C

图 3

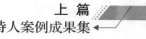
于另一点 N，直线 MA 交椭圆 C 的右准线 $x = \dfrac{a^2}{c}$ 于点 L，则 N，B，L 三点在同一条直线上。

教师：很好，请同学们课后加以证明。

2. 推广到任意双曲线

教师：若结论 1、2 中的椭圆换成双曲线 $\dfrac{x^2}{a^2} - \dfrac{y^2}{b^2} = 1$（$a > 0$，$b > 0$），结论应如何叙述？结论是否成立？若成立，你能证明它吗？

引导学生得出以下结论：

结论 3：如图 4 所示，设双曲线 C：$\dfrac{x^2}{a^2} - \dfrac{y^2}{b^2} = 1$

（$a > 0$，$b > 0$）的左、右顶点分别为 A，B，F（c，0）为双曲线 C 的右焦点，M 是双曲线 C 上异于 A，B 的任意一点，直线 MF 交双曲线 C 于另一点 N，直线 MB 交双曲线 C 的右准线 $x = \dfrac{a^2}{c}$ 于点 Q，则 A，Q，N 三点在同一条直线上。

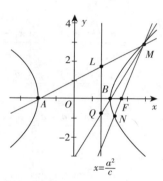

结论 4：如图 4 所示，设双曲线 C：$\dfrac{x^2}{a^2} - \dfrac{y^2}{b^2} = 1$

图 4

（$a > 0$，$b > 0$）的左、右顶点分别为 A，B，F（c，0）为双曲线 C 的右焦点，M 是双曲线 C 上异于 A，B 的任意一点，直线 MF 交双曲线 C 于另一点 N，直线 MA 交双曲线 C 的右准线 $x = \dfrac{a^2}{c}$ 于点 L，则 N，B，L 三点在同一条直线上。

由学生分小组分别完成结论 3 和结论 4 的证明，这里只给出结论 3 的证明，结论 4 的证明过程与结论 3 的证明过程相似。

证明：设 M（x_1，y_1），N（x_2，y_2），直线 MN 的方程为 $x = my + c$，

由方程组 $\begin{cases} x = my + c, \\ \dfrac{x^2}{a^2} - \dfrac{y^2}{b^2} = 1, \end{cases}$ 消去 x，并整理得：

$(m^2 b^2 - a^2) y^2 + 2mcb^2 y + b^4 = 0$，

因为

$\Delta = (2mcb^2)^2 - 4b^4 (m^2 b^2 - a^2) = 4m^2 b^4 (c^2 - b^2) + 4a^2 b^4 = 4a^2 b^4 (m^2 +$

1）>0,

所以 $y_1 + y_2 = -\dfrac{2mcb^2}{m^2b^2 - a^2}$，$y_1y_2 = \dfrac{b^4}{m^2b^2 - a^2}$，直线 BM 的方程为 $y = \dfrac{y_1}{x_1 - a}$（$x -$

a），与双曲线的右准线方程 $x = \dfrac{a^2}{c}$ 联立，得点 Q 的坐标为 $\left(\dfrac{a^2}{c}, \dfrac{a(a-c)y_1}{c(x_1-a)}\right)$，

所以 $\overrightarrow{AN} = (x_2 + a, y_2)$，$\overrightarrow{AQ} = \left(\dfrac{a(a+c)}{c}, \dfrac{a(a-c)y_1}{c(x_1-a)}\right)$，其中 $x_1 = my_1 +$

c，$x_2 = my_2 + c$.

因为 $y_2 \cdot \dfrac{a(a+c)}{c} - (x_2 + a) \cdot \dfrac{a(a-c)y_1}{c(x_1-a)}$

$$= \dfrac{a(a+c)y_2(x_1-a) - a(a-c)y_1(x_2+a)}{c(x_1-a)}$$

$$= \dfrac{a(a+c)y_2(my_1-a+c) - a(a-c)y_1(my_2+a+c)}{c(x_1-a)}$$

$$= \dfrac{a\left[m(a+c)y_1y_2 - (a^2-c^2)y_2 - m(a-c)y_1y_2 - (a^2-c^2)y_1\right]}{c(x_1-a)}$$

$$= \dfrac{a\left[2mcy_1y_2 + b^2(y_1+y_2)\right]}{c(x_1-a)} = \dfrac{a\left(\dfrac{2mcb^4}{m^2b^2-a^2} - \dfrac{2mcb^4}{m^2b^2-a^2}\right)}{c(x_1-a)} = 0,$$

所以 $\overrightarrow{AN}\,/\!/\,\overrightarrow{AQ}$，又向量 $\overrightarrow{AN}$ 和 $\overrightarrow{AQ}$ 有公共点 A，故 A，N，Q 三点在同一条直线上。

3. 推广到任意抛物线

教师：若结论1、2中的椭圆换成抛物线 $y^2 = 2px$（$p > 0$），结论应如何叙述？结论是否成立？若成立，你能证明它吗？

如图5所示，抛物线 $y^2 = 2px$（$p > 0$）只有一个顶点 B，我们可以认为另一个顶点 A 在无穷远处。

因而"A，N，Q 三点在同一条直线上"就等价于"直线 NQ 平行于 x 轴"，"直线 MA"等价于"过 M 作 x 轴的平行线"，所以结论推广到抛物线应当是：

结论5：如图5所示，设抛物线 C：$y^2 = 2px$（$p > 0$）的顶点为 B，$F\left(\dfrac{p}{2}, 0\right)$ 为抛物线 C 的焦点，M 是抛物线 C 上异于 B 的任意一点，直线 MF 交抛

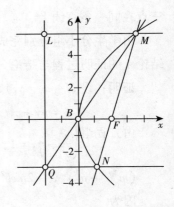

图 5

物线 C 于另一点 N，直线 MB 交抛物线 C 的准线 $x = -\dfrac{p}{2}$ 于点 Q，过点 M 作 x 轴

的平行线交抛物线的准线 $x = -\dfrac{p}{2}$ 于点 L，则直线 NQ 平行于 x 轴，N，B，L 三

点也在同一条直线上。

教师：很好，请同学们课后加以证明。

通过引导学生由具体数字到字母，由特殊到一般，由椭圆到双曲线进而到抛物线，层层深入，追根溯源，揭示问题的本质，得到一般性质。从而激发了学生的探究欲望，激活思维，提高运算能力，突破瓶颈，同时使学生的数学抽象、逻辑推理和运算能力三大核心素养都得到了培养和提升。

三、习题改编，换个视角提问题

教师：根据我们得出的结论，你能对本题第（2）问做出怎样的改编？

通过引导，学生给出以下几种改编方案：

改编 1：如图 6 所示，设椭圆 C 的左、右顶点分别为 A，B，M 是椭圆 C 上异于 A，B 的任意一点，直线 MF 交椭圆 C 于另一点 N，直线 MB 交直线 $x = 4$ 于 Q 点，试探究直线 QN 是否恒过定点。若恒过定点，请说明理由，并求定点坐标。

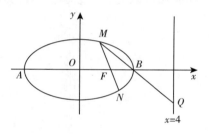

图 6

改编 2：如图 7 所示，设椭圆 C 的左、右顶点分别为 A，B，M 是椭圆 C 上异于 A，B 的任意一点，直线 MF 交椭圆 C 于另一点 N，设直线 AM 与 NB 交于点 L，证明：点 L 恒在定直线上。

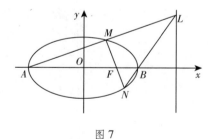

图 7

改编 3：如图 8 所示，设椭圆 C 的左、右顶点分别为 A，B，M 是椭圆 C 上异于 A，B 的任意一点，直线 MF 交椭圆 C 于另一点 N，直线 AN 交直线 $x = 4$ 于 Q 点，直线 AM 交直线 $x = 4$ 于 L 点，证明：直线 NL 与直线 MQ 交于定点，并求出定点坐标。

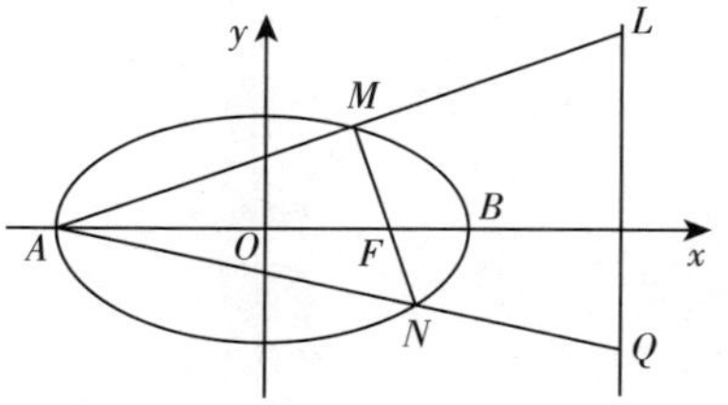

图 8

教师：很好，请同学们课后加以证明。若将椭圆换成双曲线，你能编出类似的题目吗？请同学们课后相互出题。

通过问题改编，加深了学生对问题本质的理解，强化了数学思想方法的运用，进一步提升了学生的数学核心素养。

四、教学反思

从美国学者埃德加·戴尔（Edgar Dale）提出的"学习金字塔（Cone of Learning）"中我们知道，主动学习是我们应该大加提倡的学习方式。当学生的解题思路和运算能力都遇到瓶颈时，题海战术是极其低效的。应设计新颖的探究活动，通过一题多解、追根溯源、习题改编的方式，让学生在探究过程中经历、体验、领悟，并由此深化和提高学生对数学思想方法的理解和运用，从而使瓶颈得以突破，数学核心素养得以提升。

数学建模核心素养导向下的非线性
回归模型教学

广东省云浮市邓发纪念中学　林朝冰

《普通高中数学课程标准（2017 年版）》把数学建模确立为六大核心素养之一，强调高中数学教学要以发展学生数学学科核心素养为导向，促进学生实践能力和创新意识的发展①。在高中数学教学内容中，尤其以必修 1 的"函数模型及其应用"和选修 2 - 3 的"回归分析的基本思想及其初步实用"这两个内容最能体现和培养数学建模核心素养。

在高中数学教学内容中加入"回归分析的基本思想及其初步实用"意在让学生掌握用回归分析解决实际问题的基本方法和过程②，也许是受限于篇幅，编者只能将回归分析的内容高度浓缩，以至于相对于高中生的认知水平而言，回归分析的内容抽象难懂。导致许多教师将这个内容降格为教学生如何套公式、如何做题的习题课。

要想让学生掌握回归分析的基本思想，就必须在数学建模核心素养导向下，让学生真实体验用回归分析解决实际问题的全过程，在过程中产生疑问，寻求解决方法，从而体会回归分析的基本思想。下面，以人教版选修 2 - 3 "回归分析的基本思想及其初步实用"的教学为例，谈谈如何在数学建模核心素养导向下实施回归分析教学。

---

① 中华人民共和国教育部 . 普通高中数学课程标准（2017 年版）［M］. 北京：人民教育出版社，2018.

② 中学数学课程教材研究开发中心 . 普通高中课程标准实验教科书数学选修 2—3 教师用书［M］. 北京：人民教育出版社，2009.

一、"回归分析的基本思想及其初步实用"（例2）教学设计

（一）内容出处

3.1 回归分析的基本思想及其初步实用。人教 A 版高中数学选修 2 – 3（2009 年版），第 80 – 89 页。

（二）内容分析与教学立意

本内容是在学生已学习了如何求回归直线方程的基础上，又通过例1了解了建立线性回归模型的全过程，掌握了建立回归模型的基本步骤。了解了引入残差变量的必要性、残差分析和 R^2 的作用后，进一步学习如何解决两个变量为非线性相关关系的实际问题。

教材例2以"红铃虫的产卵数与温度的关系"为例，阐述了当两个变量为非线性相关关系时，在某些情况下可以借助于函数变换把非线性相关关系转化为线性相关关系，用线性回归模型来解决。例2具有较大的数学建模的探究空间，但教材基于散点图直接选取指数函数模型 $y = c_1 e^{c_2 x}$，并且直接通过对数变换 $z = \ln y$ 把非线性回归转化为线性回归，从学生的认知水平来看，这样处理显得突兀！为何要进行对数变换呢？直接建立指数回归模型可以吗？同时为何选取指数回归模型来拟合而非二次函数回归模型呢？

在必修1的"函数模型及其应用"中，学生已经历了函数模型的建立过程，所以应在画出样本的散点图以后让学生自主选择并建立函数模型来拟合样本，再通过探究发现找到所谓"最优"拟合模型并不是真正的最优，从而引出通过对数变换 $z = \ln y$ 把非线性回归问题转化为线性回归问题，才能让学生理解变换的必要性和优越性，也才能让学生体验建立回归模型的真实过程。充分发挥数学建模的育人价值，培养学生数学建模核心素养。

（三）教学目标

1. 知识与技能

（1）了解回归分析是研究变量的相关关系、进行变量预报的重要方法，了解两个变量不一定都是线性相关关系，它们可能是非线性相关关系。

（2）了解非线性相关关系可以转化为线性相关关系，用线性回归模型来解决。

（3）能从残差分析和比较 R^2 的值等角度分析回归模型拟合的效果。

（4）掌握建立非线性回归模型的基本步骤。

2. 过程与方法

（1）经历利用回归分析解决非线性相关关系实际问题的全过程，了解回归分析的基本思想、方法及其初步实用。

（2）深化对函数图像与性质的认识，提高学生通过建立回归模型解决实际问题的能力。

（3）通过换元变换将非线性相关关系转化为线性相关关系，渗透化归思想。

3. 情感态度与价值观

（1）体验将实际问题转化为数学问题的数学抽象过程，培养数学抽象核心素养。

（2）感受数学的实用价值，增强实用意识，提升数学探究意识和精神，提高学习兴趣。

（3）培养合作意识和合作精神，提升自主学习和自主探究能力。

（四）教学条件

分小组教学，每个小组至少配备一台电脑，学生能使用电子表格软件和几何画板软件。

（五）教学过程

1. 创设情境，引入课题

介绍红铃虫的相关知识："红铃虫，是棉花的主要害虫之一，是世界性棉花害虫，为国际植物检疫对象，也侵害木棉、锦葵等植物，有的地区叫棉花蛆。"

研究红铃虫产卵数与温度的关系对棉花生产有重要指导意义，人们希望找出红铃虫产卵数与温度的相关关系实现虫情预报，以便提前做好预防工作，提高棉花产量。

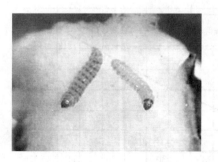

图 1　棉花蛆　　　　　　　　　图 2　棉红铃虫

2. 学生亲历建模过程

例2：一只红铃虫的产卵数 y 和温度 x 有关，现收集了 7 组观测数据列于表1中，试建立 y 关于 x 的回归方程。

表1 7 组观测数据

温度 x/℃	21	23	25	27	29	32	35
产卵数 y/个	7	11	21	24	66	115	325

提问1：建立回归模型的基本步骤是什么？

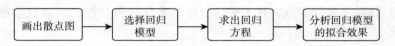

图 3 回归模型的基本步骤

环节一：画出散点图，选择回归模型

请同学们动手，利用几何画板软件画出散点图，根据散点图选择回归模型。（见图4）

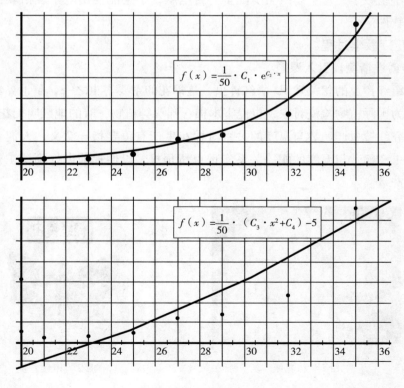

图 4 散点图

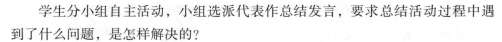

学生分小组自主活动，小组选派代表作总结发言，要求总结活动过程中遇到了什么问题，是怎样解决的？

在活动过程中，教师应及时发现学生遇到的困难并适时给予方法指导。例如学生可能遇到这样一个问题：由于 x 轴与 y 轴的长度单位相同，画出的散点图中散点过于密集，没法观察散点分布情况，这时教师应引导学生可将 y 值缩小为原来的 $\frac{1}{n}$ 倍。

经学生体验探究，一致决定将 y 值缩小为原来的 $\frac{1}{50}$ 倍，画出散点图，利用信息技术选择回归模型。

经过图 4 比较，认为应选择指数函数模型 $y = c_1 e^{c_2 x}$ 作为拟合函数。

环节二：求出拟合函数 $y = c_1 e^{c_2 x}$

提问 2：如何求参数 c_1、c_2？

提问 3：需要选取几个点的坐标代入计算？

提问 4：是否可以任意选择两点？代入相邻或相近的两点可否？选点的原则是什么？

学生分小组自主活动，小组选派代表展示拟合函数并作总结发言。

环节三：比较各小组的拟合函数，选择最好的模型

提问 5：对应不用的选点方法，我们可以得到多达 21 个不同的函数，哪一种是拟合效果最好的呢？

可借用线性回归中用于刻画模型拟合效果的 R^2 来判断模型的拟合程度。

学生利用信息技术分别计算各小组求出的拟合函数的 R^2，并挑选出最优拟合函数。

环节四：反思建模过程

提问 6：我们挑选出的最优拟合函数是否真的是最优的？

引导学生讨论我们挑选出的最优拟合函数并不一定是最优的，因为我们没有也没有必要将所有 21 种不同的拟合函数求出来进行比较。

提问 7：能否认为用最小二乘法求出的线性回归方程是最优的拟合函数？

答案显示是肯定的。

提问 8：能否通过变换将指数函数转化为一次函数，从而运用我们学过的线性回归的知识求出拟合函数？

引导学生注意指数式 $y = e^z$ 可化为对数式 $z = \ln y$，且 $\ln e^x = x$，小组讨论后，学生易得出变换后的回归直线方程：$z = bx + a$（$a = \ln c_1$，$b = c_2$）.

环节五：求变换后的样本的回归直线方程，并转化为非线性回归方程

提问9：求回归直线方程 $z = bx + a$（$a = \ln c_1$，$b = c_2$）的步骤是什么？散点图是否一定要画？为什么？

学生分小组利用信息技术求出线性回归方程：

（1）将数据 x 转化为数据 z（利用信息技术得出表2）。

表2　x 与 z 的转化

x	21	23	25	27	29	32	35
z	1.946	2.398	3.045	3.178	4.19	4.745	5.784

（2）画出散点图（利用信息技术作图）。

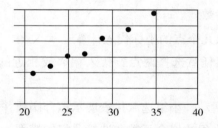

图5　利用信息技术作图

从散点图（图5）中可以看出，变换后的样本点分布在一条直线的附近，因此可以用线性回归方程来拟合。

（3）求出线性回归方程 $\hat{z} = 0.272x - 3.849$，从而得到红铃虫的产卵数关于温度的非线性回归方程为 $\hat{y}^{(1)} = e^{0.272x - 3.849}$．

环节六：求出用二次函数作为拟合函数时的回归方程

提问10：若采用二次函数 $y = c_3 x^2 + c_4$ 作为拟合函数，能否通过变换将二次函数模型转化为线性回归模型？如果能，应如何变换？

引导学生思考，得出结论，可令 $t = x^2$，将二次函数模型转化为 $y = c_3 t + c_4$．

请同学们动动手，求出变换后的线性回归方程，并将它转化为非线性回归方程。

利用信息技术容易求出变换后的线性回归方程为 $\hat{y}^{(2)} = 0.367t - 202.543$，转化为非线性回归方程为 $\hat{y}^{(2)} = 0.367x^2 - 202.543$（过程不赘述）。

环节七：比较两种回归模型的拟合效果

提问11：在求回归方程的过程中，你能否初步判断二次函数的拟合效果？

如何判断？

引导学生用散点图来初步判断回归模型的拟合效果。

提问 12：如何更准确地判断回归模型的拟合效果？

引导学生进行残差分析，请同学们动手分别求出回归方程 $\hat{y}^{(1)} = e^{0.272x - 3.849}$ 和 $\hat{y}^{(2)} = 0.367x^2 - 202.543$ 的残差，并分小组进行残差分析。

（见表 3）

表 3　残差分析

x	21	23	25	27	29	32	35
y	7	11	21	24	66	115	325
$\hat{e}^{(1)}$	0.557	-0.101	1.875	-8.950	9.230	-13.381	34.675
$\hat{e}^{(2)}$	47.696	19.400	-5.832	-41.000	-40.104	-58.265	77.968

提问 13：分析你们求出的残差表，你认为哪个回归模型拟合效果更好，为什么？

引导学生比较残差绝对值的大小，绝对值普遍偏大的拟合效果差，反之则拟合效果好。

提问 14：除了残差分析，还有什么途径能比较回归模型拟合效果？

学生分小组利用信息技术求出两个回归模型的 R^2 的值，并利用 R^2 的值分析两个回归模型的拟合效果。

3. 总结建立回归模型的过程，归纳出建立非线性回归模型的基本步骤

请同学们总结本例的解决过程，讨论并归纳出解决非线性相关问题的步骤。

学生分小组自主活动，分享成果。

解决非线性相关问题的基本步骤：

（1）确定研究对象，明确 x 和 y.

（2）画出散点图。

（3）确定回归模型的拟合函数。

（4）通过适当的变换，将非线性回归模型转化为线性回归模型。

（5）画出变换后的样本的散点图，初步判断是否可用线性回归方程来拟合。

（6）求出变换后的样本的线性回归方程。

（7）将线性回归方程转化为非线性回归方程。

（8）分别采用残差分析和求 R^2 的值的方法检验回归模型的拟合效果。

4. 分小组合作完成课后作业，P90 第 3 题。

二、设计意图再明晰

本内容计算量大，过程繁杂，阅读和理解都困难，教师难讲，学生难学。然而，无论从培养学生数学学科核心素养的角度还是从高考备考的角度，本内容都是非常重要的。基本活动经验是学生构建数学认知的基础，也是形成和培养核心素养的重要手段，《普通高中数学课程标准（2017 年版）》指出："在教学中，教师应结合相应的教学内容，落实'四基'培养和'四能'形成与发展。""四基"指基础知识、基本技能、基本思想、基本活动经验；"四能"指从数学角度发现和提出问题的能力、分析和解决问题的能力；把"基本活动经验"列入"四基"，可见让学生积累基本活动经验的重要性。

在本内容的教学过程中，必须坚持以学生为主体，引导学生自主活动，才能调动学生的主观能动性、提高学习兴趣，自觉地在学习过程中构建数学建模意识。只有这样才能使学生分析和解决问题的能力得到长足的进步，也只有这样才能真正提高学生的创造能力，使学生学到有用的数学，培养学生的核心素养。

本教学设计分为三个阶段。

第一阶段：创设情境，引入课题

通过介绍红铃虫的相关知识，引出研究红铃虫产卵数与温度的关系的必要性，使学生体验数学源于生活，又服务于生活。

第二阶段：学生亲历建模过程

以问题串为引导，通过循序渐进的七个环节真实模拟建立回归模型的过程。就教材基于散点图直接选取指数函数模型 $y = c_1 e^{c_2 x}$，并且直接通过对数变换 $z = \ln y$ 把非线性回归问题转化为线性回归问题使学生感到突兀的问题，有针对性地设计了环节一到环节四让学生先采用必修 1 构建函数模型的方法构建拟合函数，再引导学生发现所构建的函数无法确定是否最优，从而引出通过对数变换 $z = \ln y$ 把非线性回归转化为线性回归来解决的必要性和优越性。

第三阶段：总结

总结建立回归模型的过程，归纳出建立非线性回归模型的基本步骤。

三、教学建议

本教学设计真实模拟建立回归模型的全过程，教学过程中应注意以下三点：

（1）要充分发挥学生的主体作用，给学生充裕的时间进行分析、整理、交流、抽样和提炼，让学生亲身经历建立函数模型的全过程，体验数学在解决实际问题中的作用，体会数学在生活中的应用价值，拓展学生的视野，培养他们分析问题、解决问题的能力，提升数学建模、数据处理等核心素养。

（2）要充分发挥教师的主导作用，在活动过程中，教师应及时发现学生遇到的困难并适时给予方法指导。

（3）要充分发挥信息技术的工具作用，要指导学生学会使用几何画板作含参数的函数的图像，以及使用电子表格处理数据。

2019 年高考北京卷理科数学第 18 题的
一题多解及推广

广东省云浮市邓发纪念中学　林朝冰

荷兰著名数学教育家弗赖登塔尔指出"学习数学唯一的方法是实行'再创造'"，引导学生探究试题的一题多解，并对试题进行多角度推广，就是数学再创造的重要途径。它能有效地提高学生的学习兴趣，也是培养学生逻辑推理和数学运算两大核心素养的重要手段。

原题再现： 已知抛物线 C：$x^2 = -2py$ 经过点（2，-1）.

（1）求抛物线 C 的方程及其准线方程。

（2）设 O 为原点，过抛物线 C 的焦点作斜率不为 0 的直线 l 交抛物线 C 于两点 M，N，直线 $y = -1$ 分别交直线 OM，ON 于点 A 和点 B. 求证：以 AB 为直径的圆经过 y 轴上的两个定点。

（3）略，下面主要阐述（2）的解法。

一、一题多解

1. 标准方程法

证明：（2）抛物线 C 的方程为 $x^2 = -4y$，焦点为 F（0，-1）.

设直线 l 的方程为 $y = kx - 1$（$k \neq 0$）.

由 $\begin{cases} y = kx - 1, \\ x^2 = -4y, \end{cases}$ 得 $x^2 + 4kx - 4 = 0$.

设直线 l 与抛物线 C 的交点为 M（x_1，y_1），N（x_2，y_2），则 $x_1 + x_2 = -4k$，$x_1 x_2 = -4$.

$$y_1 = -\frac{x_1^2}{4}, \quad y_2 = -\frac{x_2^2}{4}.$$

直线 OM 的方程为 $y = \frac{y_1}{x_1}x$. 令 $y = -1$, 得点 A 的横坐标 $x_A = -\frac{x_1}{y_1} = \frac{4}{x_1}$.

同理得点 B 的横坐标 $x_B = -\frac{x_2}{y_2} = \frac{4}{x_2}$.

所以点 A, B 的坐标分别为: $A\left(\frac{4}{x_1}, -1\right)$, $B\left(\frac{4}{x_2}, -1\right)$.

设线段 AB 的中点为 $E(x_0, y_0)$, 则

$$x_0 = \frac{1}{2}\left(\frac{4}{x_1} + \frac{4}{x_2}\right) = \frac{2(x_1 + x_2)}{x_1 x_2} = 2k,$$

$$y_0 = \frac{1}{2}(-1-1) = -1,$$

所以点 E 的坐标为 $(2k, -1)$, 又

$$|AB| = \left|\frac{4}{x_2} - \frac{4}{x_1}\right|$$

$$= \left|\frac{4(x_1 - x_2)}{x_1 x_2}\right|$$

$$= |x_1 - x_2|$$

$$= \sqrt{(x_1 - x_2)^2}$$

$$= \sqrt{(x_1 + x_2)^2 - 4x_1 x_2}$$

$$= 4\sqrt{k^2 + 1},$$

所以 $\odot E$ 的半径为 $2\sqrt{k^2 + 1}$,

$\odot E$ 的方程为: $(x - 2k)^2 + (y + 1)^2 = 4(k^2 + 1)$.

当 $x = 0$ 时, $4k^2 + (y + 1)^2 = 4(k^2 + 1)$,

所以 $y = 1$ 或 $y = -3$,

所以, 以 AB 为直径的圆经过 y 轴上的定点 $(0, 1)$ 和 $(0, -3)$.

2. 向量法, 通过证明直径上的圆周角是直角来实现

证明: (2) 采用法 1 可求出点 A, B 的坐标, 这里不再赘述。

点 A, B 的坐标分别为: $A\left(\frac{4}{x_1}, -1\right)$, $B\left(\frac{4}{x_2}, -1\right)$.

设 $D(0, n)$ 为 y 轴上一点, 且以 AB 为直径的圆过点 D, 所以 $DA \perp DB$.

$$\overrightarrow{DA} = \left(\frac{4}{x_1}, \ -1-n\right), \ \overrightarrow{DB} = \left(\frac{4}{x_2}, \ -1-n\right),$$

$$\overrightarrow{DA} \cdot \overrightarrow{DB} = \frac{16}{x_1 x_2} + (n+1)^2 = -4 + (n+1)^2 = 0.$$

所以 $n=1$ 或 $n=-3$.

所以，以 AB 为直径的圆经过 y 轴上的定点 $(0, 1)$ 和 $(0, -3)$.

3. 利用圆相交弦定理的推论：$DF^2 = AF \cdot BF$

证明：（2）采用法 1 可求出点 A，B 的坐标，这里不再赘述。

点 A，B 的坐标分别为：$A\left(\frac{4}{x_1}, \ -1\right)$，$B\left(\frac{4}{x_2}, \ -1\right)$.

设 $D(0, n)$ 为 y 轴上一点，且以 AB 为直径的圆过点 D.

$$DF = |n+1|, \ AF = |x_A| = \frac{4}{|x_1|}, \ BF = |x_B| = \frac{4}{|x_2|}.$$

由 $DF^2 = AF \cdot BF$，得 $(n+1)^2 = \frac{16}{|x_1 x_2|} = 4$，

所以 $n=1$ 或 $n=-3$.

所以，以 AB 为直径的圆经过 y 轴上的定点 $(0, 1)$ 和 $(0, -3)$.

二、一般化推广，将原题中的抛物线方程一般化，并将原题中直线 l 与直线 $y=-1$ 的交点任意化

推广 1：设 O 为原点，过点 $(0, m)$（$m>0$）作斜率不为 0 的直线 l 交抛物线 $C: x^2 = 2py$（$p>0$）于两点 M，N，直线 $y=m$ 分别交直线 OM，ON 于点 A 和点 B，则以 AB 为直径的圆经过 y 轴上的两个定点 $(0, m+\sqrt{2pm})$ 和 $(0, m-\sqrt{2pm})$.

证明：设直线 l 的方程为 $y = kx + m$（$k \neq 0$，$m>0$）.

由 $\begin{cases} y = kx+m, \\ x^2 = 2py, \end{cases}$ 得 $x^2 - 2pkx - 2pm = 0.$

设直线 l 与抛物线 C 的交点为 $M(x_1, y_1)$，$N(x_2, y_2)$，则 $x_1 + x_2 = 2pk$，$x_1 x_2 = -2pm$.

$$y_1 = \frac{x_1^2}{2p}, \ y_2 = \frac{x_2^2}{2p}.$$

直线 OM 的方程为 $y = \frac{x_1}{2p}x$. 令 $y=m$，得点 A 的横坐标 $x_A = \frac{2pm}{x_1}$.

46

同理得点 B 的横坐标 $x_B = \dfrac{2pm}{x_2}$.

所以点 A，B 的坐标分别为：$A\left(\dfrac{2pm}{x_1},\ m\right)$，$B\left(\dfrac{2pm}{x_2},\ m\right)$.

设 D $(0,\ n)$ 为 y 轴上一点，且以 AB 为直径的圆过点 D，所以 $DA \perp DB$.

$\overrightarrow{DA} = \left(\dfrac{2pm}{x_1},\ m - n\right)$，$\overrightarrow{DB} = \left(\dfrac{2pm}{x_2},\ m - n\right)$，

$\overrightarrow{DA} \cdot \overrightarrow{DB} = \dfrac{4p^2m^2}{x_1 x_2} + (m - n)^2 = -2pm + (n - m)^2 = 0$.

$(n - m)^2 = 2pm$，$n - m = \sqrt{2pm}$ 或 $n - m = -\sqrt{2pm}$，

所以 $n = m + \sqrt{2pm}$ 或 $n = m - \sqrt{2pm}$.

所以，以 AB 为直径的圆经过 y 轴上的两个定点 $\left(0,\ m + \sqrt{2pm}\right)$ 和 $\left(0,\ m - \sqrt{2pm}\right)$.

显然，当抛物线的焦点位于 x 轴上时，也有类似性质。

三、类比推广，将结论推广到椭圆和双曲线

推广 2：已知椭圆 C：$\dfrac{x^2}{a^2} + \dfrac{y^2}{b^2} = 1$ $(a > b > 0)$，其右顶点为 A_2，过点 $(m,$ $0)$ $(-a < m < a)$ 作斜率不为 0 的直线 l 交椭圆 C 于两点 M，N，直线 $x = m$ 分别交直线 A_2M，A_2N 于点 A 和点 B，则以 AB 为直径的圆经过 x 轴上的两个定点 $\left(m + \dfrac{b\sqrt{a^2 - m^2}}{a},\ 0\right)$ 和 $\left(m - \dfrac{b\sqrt{a^2 - m^2}}{a},\ 0\right)$.

证明：设直线 l 的方程为 $y = k(x - m)$ $(-a < m < a)$，

由 $\begin{cases} y = k(x - m), \\ \dfrac{x^2}{a^2} + \dfrac{y^2}{b^2} = 1, \end{cases}$ 得 $(b^2 + a^2k^2)x^2 - 2ma^2k^2x + m^2a^2k^2 - a^2b^2 = 0$.

设直线 l 与抛物线 C 的交点为 M $(x_1,\ y_1)$，N $(x_2,\ y_2)$，则

$x_1 + x_2 = \dfrac{2ma^2k^2}{b^2 + a^2k^2}$，$x_1 x_2 = \dfrac{m^2a^2k^2 - a^2b^2}{b^2 + a^2k^2}$，

$y_1 = k(x_1 - m)$，$y_2 = k(x_2 - m)$，

直线 A_2M 的方程为 $y = \dfrac{y_1}{x_1 - a}(x - a) = \dfrac{k(x_1 - m)}{x_1 - a}(x - a)$.

令 $x=m$，得点 A 的纵坐标 $y_A=\dfrac{k\ (x_1-m)\ (m-a)}{x_1-a}$.

同理得点 B 的纵坐标 $y_B=\dfrac{k\ (x_2-m)\ (m-a)}{x_2-a}$.

所以点 A,B 的坐标分别为：$A\left(m,\ \dfrac{k\ (x_1-m)\ (m-a)}{x_1-a}\right)$，$B\left(m,\ \dfrac{k\ (x_2-m)\ (m-a)}{x_2-a}\right)$.

设 $D\ (0,\ n)$ 为 y 轴上一点，且以 AB 为直径的圆过点 D，所以 $DA\perp DB$.

$\overrightarrow{DA}=\left(m-n,\ \dfrac{k\ (x_1-m)\ (m-a)}{x_1-a}\right)$，$\overrightarrow{DB}=\left(m-n,\ \dfrac{k\ (x_2-m)\ (m-a)}{x_2-a}\right)$，

$\overrightarrow{DA}\cdot\overrightarrow{DB}=\dfrac{k^2\ (m-a)^2\ (x_1-m)\ (x_2-m)}{(x_1-a)\ (x_2-a)}+(m-n)^2$.

因为：$(x_1-m)\ (x_2-m)\ =x_1x_2-m\ (x_1+x_2)\ +m^2$

$=\dfrac{m^2a^2k^2-a^2b^2}{b^2+a^2k^2}-\dfrac{2m^2a^2k^2}{b^2+a^2k^2}+\dfrac{m^2b^2+m^2a^2k^2}{b^2+a^2k^2}$

$=\dfrac{(m^2-a^2)\ b^2}{b^2+a^2k^2}$，

$(x_1-a)\ (x_2-a)\ =x_1x_2-a\ (x_1+x_2)\ +a^2$

$=\dfrac{m^2a^2k^2-a^2b^2}{b^2+a^2k^2}-\dfrac{2ma^3k^2}{b^2+a^2k^2}+\dfrac{a^2b^2+a^4k^2}{b^2+a^2k^2}$

$=\dfrac{a^2k^2\ (m^2-2ma+a^2)}{b^2+a^2k^2}$

$=\dfrac{a^2k^2\ (m-a)^2}{b^2+a^2k^2}$，

所以 $\overrightarrow{DA}\cdot\overrightarrow{DB}=\dfrac{k^2b^2\ (m-a)^2\ (m^2-a^2)}{a^2k^2\ (m-a)^2}+(m-n)^2$

$=\dfrac{b^2\ (m^2-a^2)}{a^2}+(m-n)^2$

$=0$，

所以

$(n-m)^2=\dfrac{b^2\ (a^2-m^2)}{a^2}$，$n-m=\dfrac{b\sqrt{a^2-m^2}}{a}$ 或 $n-m=-\dfrac{b\sqrt{a^2-m^2}}{a}$，

所以 $n=m+\dfrac{b\sqrt{a^2-m^2}}{a}$ 或 $n=m-\dfrac{b\sqrt{a^2-m^2}}{a}$.

所以，以 AB 为直径的圆经过 x 轴上的两个定点 $\left(m+\dfrac{b\sqrt{a^2-m^2}}{a},\ 0\right)$ 和

$\left(m-\dfrac{b\sqrt{a^2-m^2}}{a},\ 0\right)$。

显然，当椭圆的焦点位于 y 轴上时，也有类似性质。

推广 3：已知双曲线 C：$\dfrac{x^2}{a^2}-\dfrac{y^2}{b^2}=1$ $(a>0,\ b>0)$，其右顶点为 A_2，过点 $(m,\ 0)$ $(|m|>a)$ 作斜率不为 0 的直线 l 交双曲线 C 于两点 M，N，直线 $x=m$ 分别交直线 A_2M，A_2N 于点 A 和点 B，则以 AB 为直径的圆经过 x 轴上的两个定点 $\left(m+\dfrac{b\sqrt{m^2-a^2}}{a},\ 0\right)$ 和 $\left(m-\dfrac{b\sqrt{m^2-a^2}}{a},\ 0\right)$。

推广 3 的证明方法与推广 2 类似，在此不再赘述。

显然，当双曲线的焦点位于 y 轴上时，也有类似性质。

四、改变条件，将推广引向深入

推广 1、2、3 都对 m 的取值进行了限制。以推广 2 为例，要求 $-a<m<a$，若 $|m|>a$ 结论还成立吗？

由推广 2 的证明可知，

$$\overrightarrow{DA}\cdot\overrightarrow{DB}=\frac{k^2b^2\ (m-a)^2\ (m^2-a^2)}{a^2k^2\ (m-a)^2}+(m-n)^2$$

$$=\frac{b^2\ (m^2-a^2)}{a^2}+(m-n)^2,$$

因为 $|m|>a$，所以 $m^2>a^2$，$\dfrac{b^2\ (m^2-a^2)}{a^2}+(m-n)^2>0$，

所以 $\overrightarrow{DA}\cdot\overrightarrow{DB}>0$，所以结论不成立。

从图形的角度看，过点 $(m,\ 0)$ $(|m|>a)$ 作斜率不为 0 的直线 l 与椭圆有交点时，交点 M、N 同时位于 x 轴的上方或下方（见图 1），直线 A_2M，A_2N 与直线 $x=m$ 的交点 A、B 同时位于 x 轴的上方或下方，而点 D 位于 x 轴上，所以 DA 与 DB 不可能垂直。

若直线 l 的斜率等于 0 呢？从图形的角度看，

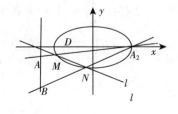

图 1

当直线 l 的斜率等于 0 时，点 N 与右顶点 A_2 重合（见图 1），进一步大胆设想，将推广 2 中的动点 M，N 换成定点，即换成椭圆的左、右顶点 A_1，A_2，定点 A_2 换成椭圆上的动点 M，这时，直线 MA_1，MA_2 与直线 $x = m$ 的交点 A，B 就分别位于 x 轴的上下两侧了！会不会有类似结论呢？经证明，得出以下结论。

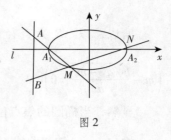

图 2

推广 4：已知椭圆 C：$\dfrac{x^2}{a^2} + \dfrac{y^2}{b^2} = 1$ $(a > b > 0)$，其左、右顶点为 A_1，A_2，M 为椭圆 C 上任一点，直线 $x = m$ $(|m| > a)$ 分别交直线 MA_1，MA_2 于点 A 和点 B，则以 AB 为直径的圆经过 x 轴上的两个定点 $\left(m + \dfrac{b\sqrt{m^2 - a^2}}{a},\ 0\right)$ 和 $\left(m - \dfrac{b\sqrt{m^2 - a^2}}{a},\ 0\right)$。

证明：设点 M 的坐标为 $(x_1,\ y_1)$，直线 MA_1 的方程为：$y = \dfrac{y_1}{x_1 + a} (x + a)$．

令 $x = m$，得点 A 的纵坐标 $y_A = \dfrac{y_1 (m + a)}{x_1 + a}$．

同理得点 B 的纵坐标 $y_B = \dfrac{y_1 (m - a)}{x_1 - a}$．

所以点 A，B 的坐标分别为：$A\left(m,\ \dfrac{y_1 (m + a)}{x_1 + a}\right)$，$B\left(m,\ \dfrac{y_1 (m - a)}{x_1 - a}\right)$．

设 $D\ (n,\ 0)$ 为 x 轴上一点且 $DA \perp DB$，则

$$\overrightarrow{DA} = \left(m - n,\ \frac{y_1 (m + a)}{x_1 + a}\right),\quad \overrightarrow{DB} = \left(m - n,\ \frac{y_1 (m - a)}{x_1 - a}\right),$$

$$\overrightarrow{DA} \cdot \overrightarrow{DB} = \frac{y_1^2 (m^2 - a^2)}{x_1^2 - a^2} + (m - n)^2．$$

因为：$\dfrac{x_1^2}{a^2} + \dfrac{y_1^2}{b^2} = 1$，所以 $y_1^2 = b^2 \left(1 - \dfrac{x_1^2}{a^2}\right) = \dfrac{b^2}{a^2} (a^2 - x_1^2)$，

所以 $\overrightarrow{DA} \cdot \overrightarrow{DB} = -\dfrac{b^2 (m^2 - a^2)}{a^2} + (m - n)^2 = 0$．

所以

$$(n - m)^2 = \frac{b^2 (m^2 - a^2)}{a^2},\quad n - m = \frac{b\sqrt{m^2 - a^2}}{a} \text{或} n - m = -\frac{b\sqrt{m^2 - a^2}}{a},$$

所以 $n = m + \dfrac{b\sqrt{m^2 - a^2}}{a}$ 或 $n = m - \dfrac{b\sqrt{m^2 - a^2}}{a}$．

所以，以 AB 为直径的圆经过 x 轴上的两个定点 $\left(m+\dfrac{b\sqrt{m^2-a^2}}{a},\ 0\right)$ 和

$\left(m-\dfrac{b\sqrt{m^2-a^2}}{a},\ 0\right)$.

显然，当椭圆的焦点位于 y 轴上时仍有类似性质。

推广 5：已知双曲线 C：$\dfrac{x^2}{a^2}-\dfrac{y^2}{b^2}=1$（$a>0$，$b>0$），其左、右顶点为 A_1，

A_2，M 为双曲线 C 上任一点，直线 $x=m$（$-a<m<a$）分别交直线 MA_1，MA_2

于点 A 和点 B，则以 AB 为直径的圆经过 x 轴上的两个定点

$\left(m+\dfrac{b\sqrt{a^2-m^2}}{a},\ 0\right)$ 和 $\left(m-\dfrac{b\sqrt{a^2-m^2}}{a},\ 0\right)$.

推广 5 的证明方法与推广 4 类似，在此不再赘述。

显然，当双曲线的焦点位于 y 轴上时仍有类似性质。

五、再一次类比推广

将推广 4、5 中的椭圆、双曲线换成抛物线时，由于抛物线只有一个顶点，可以认为另一个顶点在无限远处，此时它与抛物线上的动点 M 的连线与对称轴平行，因而得到以下推广。

推广 6：设 O 为原点，M 为抛物线 C：$x^2=2py$（$p>0$）上异于点 O 的任一点，直线 MO 交直线 $y=m$（$m<0$）于点 A. 过点 M 作 y 轴的平行线交直线 $y=m$ 于 B，则以 AB 为直径的圆经过 y 轴上的两个定点 $(0,\ m+\sqrt{-2pm})$ 和 $(0,\ m-\sqrt{-2pm})$.

证明：设点 M 的坐标为 $(x_1,\ y_1)$，则 $y_1=\dfrac{x_1^2}{2p}$,

直线 OM 的方程为 $y=\dfrac{x_1}{2p}x$.

令 $y=m$，得点 A 的横坐标 $x_A=\dfrac{2pm}{x_1}$.

所以点 A 的坐标为：$A\left(\dfrac{2pm}{x_1},\ m\right)$,

因为直线 $MB/\!/y$ 轴，所以点 B 的坐标为：$B\ (x_1,\ m)$.

设 $D\ (0,\ n)$ 为 y 轴上一点且 $DA\perp DB$,

则 $\overrightarrow{DA} = \left(\dfrac{2pm}{x_1},\ m - n \right)$, $\overrightarrow{DB} = (x_1,\ m - n)$,

$\overrightarrow{DA} \cdot \overrightarrow{DB} = 2pm + (m - n)^2 = 0.$

$(n - m)^2 = -2pm$, $n - m = \sqrt{-2pm}$ 或 $n - m = -\sqrt{-2pm}$,

所以 $n = m + \sqrt{-2pm}$ 或 $n = m - \sqrt{-2pm}$.

所以，以 AB 为直径的圆经过 y 轴上的两个定点（0, $m + \sqrt{-2pm}$）和
（0, $m - \sqrt{-2pm}$）.

显然，当抛物线的焦点位于 x 轴上时，也有类似性质。

六、结束语

学生的核心素养的形成并不能一蹴而就，它是在日常的课堂教学中逐步形成的。解题教学是中学数学必不可少的内容，事实上，题目也是一种数学情境，因而，教师要精心设计，以达到激发学生学习数学的兴趣，启发学生思考的目的。一题多解、多角度推广就是一种很好的解题教学方法，它既能激发学生学习兴趣，启发学生思考，又能避免学生深陷题海。

层层质疑，彰显数学学科的育人价值

广东省云浮市邓发纪念中学　林朝冰

数学学科的育人价值包括很多方面，其中以数学概念的形成过程、某类数学问题的本质的挖掘过程作为育人资源，可以使学生了解数学概念的来龙去脉，感受数学发现的基本思想和方法，并利用学习到的数学思想和方法逐渐建立起自己的发现方法和理性思维策略，形成基本的数学素养。这是数学教学所特有的教育价值。质疑是探索知识，发现问题的开始，是获得真知的必要步骤，数学课堂教学是一个师生共同设疑、释疑的过程。通过层层质疑的方法探究数学概念的形成过程、数学问题的本质，更能彰显数学教学的育人价值。本文通过两个实例来探讨如何通过层层质疑的方法探究数学概念的形成过程及数学问题的本质，从而彰显数学教学的育人价值。

一、通过层层质疑，探究概念的形成过程

正确理解概念是数学学习的基础，缺乏产生过程的概念教学将导致学生对数学概念的认识缺乏整体性。下面以导数的概念教学为例，说明如何通过层层质疑的方法探究概念的形成过程。

1. 创设问题情境，引发自主探究

高速公路的某处，限速 100 km/h，一辆汽车以 120 km/h 的速度到达距测速摄像头 50 米处，驾驶员发现摄像头后立即减速，正好以 100 km/h 的速度通过测速点，问该辆汽车是否超速？

设计意图：让学生产生质疑测速摄像头所测到的"速度"是平均速度还是瞬时速度？瞬时速度是如何得到的？平均速度是怎样计算的？$\left(\dfrac{\Delta s}{\Delta t}\right)$，瞬时速度

又是怎样计算的? $\left(\lim\limits_{\Delta t \to 0} \dfrac{\Delta s}{\Delta t}\right)$，通过层层质疑和探究体会到瞬时速度是平均速度的极限。

2. 曲线的切线问题探究

问题一：圆与圆锥曲线的切线是如何定义的?

问题二：观察图 1（用几何画板使切线运动）

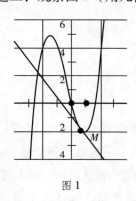

图 1

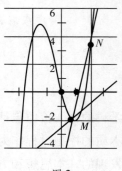

图 2

图像中的动直线始终是曲线的切线，切线与曲线可以有多个公共点，而且曲线的图像也不总在切线的一侧，学生开始质疑以前学的切线的定义，接下来引导学生寻找新的切线的定义方法。

问题三：图 2 中割线 *MN* 与点 *M* 处的切线有何关系?

引导学生通过运动得到切线，体会由"割"变"切"的过程，从而体会逼近和极限的数学思想。并得出曲线的切线的定义，切线是割线 *MN* 当 *N* 点沿曲线运动到点 *M* 时的极限位置，得出切线的定义后，又引导学生质疑：

问题四：切线的斜率应该如何求?

回顾问题二，引导学生探究，切线是由割线运动的极限位置，那么切线的斜率是否可通过割线的斜率求得?

问题五：平均速度 $\dfrac{\Delta s}{\Delta t}$ 及割线的斜率 $\dfrac{\Delta y}{\Delta x}$ 本质是什么?

通过问题五使学生体会到导数的本质是平均变化率的极限，从而实现了思维的飞跃。

本例通过引导学生层层质疑，体会到数学来源于生活，体会了由特殊到一般的抽象过程，体会了逼近和极限的数学思想，使学生的思维得到了升华，从而彰显数学学科的育人价值。

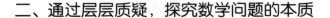

二、通过层层质疑，探究数学问题的本质

透过问题的现象，探究问题的本质，通过层层质疑，使学生在不断发现和提出问题、分析和解决问题的过程中，产生主动探究的欲望，培养思维能力和创新能力，从而提高学生的解题能力；同时产生丰富的情感体验，彰显数学学科在培养学生信心、习惯、意志、态度和价值观等情感上的育人价值。下面以"几何体外接球的体积"为例说明如何通过层层质疑的方法探究数学问题的本质。

例：一个正方体的顶点都在球面上，它的棱长为 a，求球的体积。

此例比较简单，学生完成后教师提出问题：

问题一：能不能把正方体换成其他几何体？

学生得出以下两个问题：

（1）一个正六棱柱的底面边长为 a，高为 h，顶点都在球面上，求球的体积。

（2）一个正三棱柱的底面边长为 a，高为 h，顶点都在球面上，求球的体积。

问题（1）学生模仿例一能轻松解决，然而对于问题（2）学生将三棱柱补形成四棱柱来解决。

问题二：你能确定补形后的四棱柱的顶点都在球面上？

学生开始反思，"要使四棱柱的顶点都在球面上，底面四边形必须是圆内接四边形！"

问题三：球心与底面外接圆的圆心有什么位置关系？

学生自主研究并容易得出以下结论，"球心到底面的正投影就是底面外接圆的圆心"。

小结反思："本题的关键是什么？"（球心的位置）。"本题的本质是什么？"（球的半径与正方体棱长的关系）。

问题四：如何找出球心的位置？

经过自主探究学生得出寻找球心的方法：先找到底面多边形的外心，再垂直向上寻找球心。

学生探究问题（2）后，得出结论"球心位于底面正三角形中心垂直向上距底面 $\frac{h}{2}$ 处"。

问题五：球心到底面的距离是否一定是高 h 的一半？

问题六：你能再次改变球内接几何体的形状吗？

得出以下问题：

（3）三棱锥 $V-ABC$ 中，$AB=AC=a$，$\angle BAC=90^\circ$，$VA\perp$ 底面 ABC，顶点都在球面上，求球的体积。

（4）三棱锥 $V-ABC$ 中，$AB=AC=BC=a$，$VA\perp$ 底面 ABC，顶点都在球面上，求球的体积。

（5）正三棱锥 $V-ABC$ 中，$AB=AC=BC=a$，高为 h，顶点都在球面上，求球的体积。

问题（3）、（4）的结论是：球心到底面的距离是否一定是高 h 的一半。问题（5）的结论却不同。学生自然会问为什么？引导学生观察下图3、4：

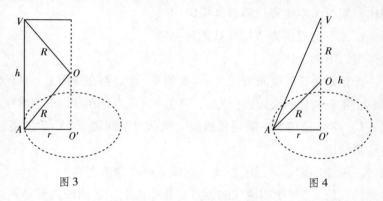

图3   图4

问题（3）、（4）中，顶点 V 在底面的投影正好是底面顶点，如图3所示，因为球心 O 到点 V 的距离与到点 A 的距离相等，所以球心到底面的距离是高 h 的一半。问题（5）中，顶点 V 在底面的投影正好是底面多边形外接圆的圆心，如图4所示，因为球心 O 到点 V 的距离与到点 A 的距离相等，所以球心到底面的距离不等于高 h 的一半。紧接着引导学生产生新问题：

问题七：几何体外接球的半径 R 与几何体的高 h 及底面外接圆的半径有什么关系？

结合图3、图4，学生容易得出以下结论：

（1）当锥体侧棱与底面垂直时，$R^2=r^2+\left(\dfrac{1}{2}h\right)^2$。

（2）当锥体侧棱与底面不垂直，顶点 V 在底面的投影正好是底面多边形外接圆的圆心时，$R^2=r^2+(h-R)^2$。

问题八：已知 A，B，C 三点在球面上，$AB=AC=2$，$\angle BAC=120^\circ$，球心到面 ABC 的距离为1，求球的体积。

本例通过引导学生改变几何体的形状，层层质疑，探究出此类问题的本质及解决办法，学生处在一种愉快的探索知识的过程中，学习和体验到发现和探究问题的基本方法，不仅使学生所学知识纵向加深，横向沟通，使学生的发散思维和创新思维得到了培养，提高学生分析问题和解决问题的能力，还使学生得到了丰富的情感体验，彰显了数学学科的育人价值。

三、结束语

数学学科的育人价值不能停留在教学数学知识上，数学概念的产生和发现的过程，数学的质疑精神、思维方式、思想方法以及在数学探究过程的情感体验等都具有丰富的育人价值，广大的数学教师应将育人的意识，贯穿于自己教育教学的始终，落实在教学活动实际中。

挖掘数学问题的本质，培养学生核心素养

——从类比推理的教学谈起

广东省云浮市邓发纪念中学　林朝冰

培养学生核心素养是当下教育工作者的核心任务，如何把数学核心素养的培养落实到课堂，值得广大数学教育工作者认真思考和研究，笔者认为：挖掘数学问题的本质，是培养学生核心素养的重要途径之一，本文拟通过类比推理的教学来阐述这个论题。

一、挖掘数学问题的本质，让类比推理从形似到神似

高中数学课本（人教版选修1－2）是这样定义类比推理的：由两类具有某些类似特征和其中一类对象的某些已知特征，推出另一类对象也具有这些特征的推理称为类比推理。学生对"类似特征"印象深刻，加上课本在"探究"环节中，引导学生从2维平面类比到3维立体空间，得到了"点对线""线对面""长度对面积""面积对体积"的结论，所以学生比较容易做到形似，但这些结论是基于什么理由得到的？是不是长度一定对面积？面积一定对体积？课本并没有详细阐述，很多老师在教学过程中也没有引导学生分析和探究，学生很难做到神似，因此，教学中应引导学生探究发现原结论的思想方法，并把它应用到另一类对象中进而类比出神似的结论。

例1：类比平面内直角三角形的勾股定理，试给出空间中四面体性质的猜想。（见图1、2）

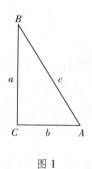

图 1

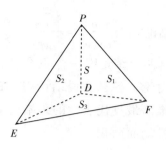

图 2

在学习这个例题时，学生对从 $c^2 = a^2 + b^2$ 类比出 $S^2 = S_1^2 + S_2^2 + S_3^2$ 不理解，教师应引导学生分析：

（1）为什么把三角形类比成四面体？（平面内，三角形是能围成密闭空间的最简单的几何体，空间中，四面体是能围成密闭空间的最简单的几何体）

（2）为什么三角形的三条边长 a，b，c 类比成四面体四个面的面积？（如果类比成棱长，如何能围成密闭空间？）

（3）在直角三角形中，c 为斜边，a，b 为直角边，在四面体中，面 PEF 为斜面，其余三个面为直角面。

例 2：如图 3 所示，若射线 OM，ON 上分别存在点 M_1，M_2 与 N_1，N_2，则三角形面积 $\dfrac{S_{\triangle OM_1N_1}}{S_{\triangle OM_2N_2}} = \dfrac{OM_1}{OM_2} \cdot \dfrac{ON_1}{ON_2}$. 若不在同一平面内的射线 OP，OQ 和 OR 上分别存在点 P_1，P_2，点 Q_1，Q_2 和点 R_1，R_2，则类似的结论是什么？

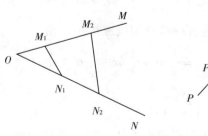
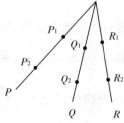

图 3

这是课本（人教版选修 1 - 2）的一道课后练习，笔者在教学中把它作为课堂练习，学生得出了两种不同的结论。

结论 1：$\dfrac{V_{OP_1Q_1R_1}}{V_{OP_2Q_2R_2}} = \dfrac{OP_1}{OP_2} \cdot \dfrac{OQ_1}{OQ_2} \cdot \dfrac{OR_1}{OR_2}$.

结论 2：$\dfrac{V_{OP_1Q_1R_1}}{V_{OP_2Q_2R_2}} = \dfrac{S_{\triangle OP_1Q_1}}{S_{\triangle OP_2Q_2}} \cdot \dfrac{S_{\triangle OP_1R_1}}{S_{\triangle OP_2R_2}} \cdot \dfrac{S_{\triangle OR_1Q_1}}{S_{\triangle OR_2Q_2}}$.

这两个结论哪一个更合理，或者说哪一个是正确的结论呢？笔者引导学生讨论，各自说说结论得出的思想方法，结果双方各执一词，谁也说服不了谁。最具代表性的是结论 2 的得出理由："面积对体积，三角形腰长对三棱锥侧面面积。"

这时笔者引导学生复习锥体体积公式，锥体体积 $= \dfrac{1}{3} \times$ 底面积 $\times$ 高，所以体积比等于底面积比与高之比的乘积，联想到已知面积比，自然而然地就想到以其中两条射线所在的面为底面，如图 4 所示，容易得出结论 1，因此，结论 1 是正确的。

例 3：如图 5 所示，已知 $\triangle ABC$ 的三边为 a，b，c，它的内切圆半径为 r，则 $r = \dfrac{2S_{\triangle ABC}}{a+b+c}$，试给出空间中四面体性质的猜想。

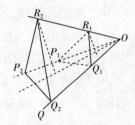

图 4

学生往往得出这样的结论：设空间四面体的体积为 V，四个面的面积分别为 S_1，S_2，S_3，S_4，四面体内切球的半径为 R，则 $R = \dfrac{2V}{S_1+S_2+S_3+S_4}$. 这显然是一个形似的结论。

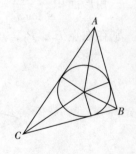

图 5

事实上，在 $\triangle ABC$ 中，结论 $r = \dfrac{2S_{\triangle ABC}}{a+b+c}$ 的得出是以 $\triangle ABC$ 内切圆的圆心为顶点，将 $\triangle ABC$ 分割成三个小三角形，它们的高都为 r，所以 $S_{\triangle ABC} = \dfrac{1}{2}ar + \dfrac{1}{2}br + \dfrac{1}{2}cr = \dfrac{1}{2}(a+b+c)r$，从而得出结论 $r = \dfrac{2S_{\triangle ABC}}{a+b+c}$.

弄清楚问题的本质后，类比到空间四面体，很自然地想到，以四面体内切球的球心为顶点，将四面体分割成四个小四面体，它们的高都为 R，所以 $V = \dfrac{1}{3}S_1R + \dfrac{1}{3}S_2R + \dfrac{1}{3}S_3R + \dfrac{1}{3}S_4R = \dfrac{1}{3}(S_1+S_2+S_3+S_4)R$，从而得出结论：$R = \dfrac{3V}{S_1+S_2+S_3+S_4}$.

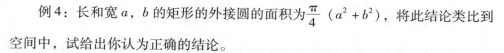

例4：长和宽 a，b 的矩形的外接圆的面积为 $\frac{\pi}{4}$（$a^2 + b^2$），将此结论类比到空间中，试给出你认为正确的结论。

学生容易得出错误结论：长、宽、高分别为 a，b，c 的长方体的外接球的体积为 $\frac{\pi}{4}$（$a^3 + b^3 + c^3$），或表面积为 $\frac{\pi}{4}$（$a^2 + b^2 + c^2$）.

结论错误的原因是学生没找出问题的本质，问题的本质在于矩形的外接圆的半径与矩形的边长之间的关系，矩形的外接圆的半径 $r = \frac{1}{2}\sqrt{a^2 + b^2}$，所以它的面积为 $\frac{\pi}{4}$（$a^2 + b^2$），类比到空间，找出外接球的半径与长方体的棱长之间的关系，外接球的半径 $R = \frac{1}{2}\sqrt{a^2 + b^2 + c^2}$，所以它的体积应为 $\frac{\pi}{6}(a^2 + b^2 + c^2)^{\frac{3}{2}}$，表面积应为 π（$a^2 + b^2 + c^2$）.

可见，挖掘出问题的本质，找出发现（或推导）原结论的思想方法，并把这种思想方法类比到另一类对象中，才能让类比推理从形似到神似。

二、挖掘数学问题的本质与培养学生核心素养之间的关系

在高中课程标准修订组最新发布的《普通高中数学课程标准（2017 年版)》中，给出了高中数学核心素养：数学抽象、逻辑推理、数学建模、运算能力、直观想象、数据分析①。

数学抽象是数学的基本思想，反映了数学的本质特征，贯穿在数学的产生发展、应用的过程中。引导和培养学生养成挖掘数学问题的本质的习惯，有利于学生理解数学的知识结构和本质特征，有利于学生更好地理解数学的概念、命题和结论的形成过程，从而有利于培养学生的抽象素养。

通过挖掘数学问题的本质，使学生得到以下三方面的培养和提升：其一，通过挖掘数学问题的本质，体会和学习前人进行数学抽象过程中的数学思想方法，从而提高学生数学抽象能力。其二，通过挖掘数学问题的本质，理清问题的逻辑关系，从而提升了学生的逻辑推理素养。其三，通过挖掘数学问题的本质，使学生的认知结构和方法体系得到完善。

---

① 中华人民共和国教育部. 普通高中数学课程标准（2017 年版）［M］. 北京：人民教育出版社，2017.

三、结束语

学生核心素养的形成过程是一个长期的过程，需要教师在教学过程中始终坚持，不断强化，使挖掘数学问题的本质成为习惯。事实上，不仅仅在类比推理教学中便于引导和培养学生挖掘数学问题的本质的习惯，在高中数学学习的全过程都有挖掘数学问题的本质的必要，如在几何概型问题中，什么情况下构建直线模型，什么情况下构建平面模型，学生常常混淆不清，究其原因就是没有弄清问题的本质，此问题的本质是"影响事件结果的因素的个数"，如果影响事件结果的因素的个数只有一个，就构建一维的直线模型，如果影响事件结果的因素的个数有两个，就构建二维的平面模型，以此类推。因此，只要我们增强挖掘数学问题的本质意识，学生的核心素养必将渐渐形成。

几何概型教学中如何引导学生把握本质

广东省云浮市邓发纪念中学　林朝冰

《普通高中数学课程标准（2017 年版）》明确指出："高中数学教学以发展学生数学学科核心素养为导向，创设合适的教学情境，启发学生思考，引导学生把握数学内容的本质①。"因此，在教学过程中，教师要挖掘出问题的本质，探讨问题的由来，从而达到培养学生核心素养的最终目的。在几何概型教学中，有几类问题教师和学生常常不容易把握问题的本质，引致讲不清道不明。

一、长度比与角度比的辨识

例 1：如图 1 所示，在圆心角为 90° 的扇形中，点 M，N 为弧 AB 的三等分点，在弧 AB 上任取一点 C，求点 C 落在弧 MN 上的概率。

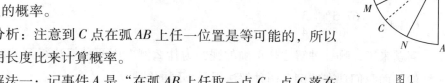

分析：注意到 C 点在弧 AB 上任一位置是等可能的，所以可以用长度比来计算概率。

解法一：记事件 A 是"在弧 AB 上任取一点 C，点 C 落在弧 MN 上"，因为点 M，N 为弧 AB 的三等分点，所以

$$P(A) = \frac{弧\ MN\ 的长}{弧\ AB\ 的长} = \frac{1}{3}.$$

图 1

另外，此题还可以理解为过 O 作射线交弧 AB 于点 C，射线 OC 可以在扇形的任意位置，而且是等可能的，因此基本事件的发生是等可能的。

---

① 中华人民共和国教育部．普通高中数学课程标准（2017 年版）［M］．北京：人民教育出版社，2018.

解法二：记事件 A 是"在弧 AB 上任取一点 C，点 C 落在弧 MN 上"，因为点 M，N 为弧 AB 的三等分点，所以 $\angle AON = \angle BOM = \angle MON = 30°$，

则符合条件的射线 OC 应落在扇形 MON 中，所以

$$P（A）= \frac{\angle MON \text{ 的度数}}{\angle AOB \text{ 的度数}} = \frac{30°}{90°} = \frac{1}{3}.$$

例 2：如图 2 所示，在等腰直角 $\triangle ABC$ 中，过直角顶点 C 在 $\angle ACB$ 内部作一条射线 CM，与线段 AB 交于点 M，求 $AM < AC$ 的概率。

先由学生自主完成，并请学生上来板书。

学生解答一：记事件 A 是"在等腰直角 $\triangle ABC$ 中，过直角顶点 C 在 $\angle ACB$ 内部作一条射线 CM，与线段 AB 交于点 M，$AM < AC$"，由勾股定理得，

$$AB = \sqrt{2}AC，\text{所以，} P（A）= \frac{1}{\sqrt{2}} = \frac{\sqrt{2}}{2}.$$

学生解答二：记事件 A 是"在等腰直角 $\triangle ABC$ 中，过直角顶点 C 在 $\angle ACB$ 内部做一条射线 CM，与线段 AB 交于点 M，$AM < AC$"，

当 $AM = AC$ 时，有 $\angle ACM = \angle AMC$，故欲使 $AM < AC$，应有 $\angle ACM < \angle AMC$ 即所作的射线应落在当 $\angle ACM = \angle AMC$ 时 $\angle ACM$ 的内部。

在 AB 上取 $AD = AC$，连接 CD，则 $\angle ACD = \dfrac{180° - 45°}{2} = 67.5°$，

$$P（A）= \frac{67.5°}{90°} = \frac{3}{4}.$$

问题来了，哪一种解法是正确的呢？为什么例 1 用两种解法得到的结论是一样的，而我们现在的例 2 两种解法得到不同的结果？

引导学生发现本例的本质是过 C 做射线，也就是说以 C 作为圆心，构成扇形，扇形的面积比才是问题的本质，所以本例的正确解法应该是第 2 种。

在例 1 中分别采用扇形的弧长比和圆心角之比来计算，扇形的面积比等于弧长比也等于圆心角之比，因此两个结论是相同的，而在例 2 中分别采用的是弦长比和圆心角之比来计算，扇形的面积比并不等于弦长比，所以两个结论不一样，所以我们要抓住问题的本质，才能正确解决问题。

二、一维、二维还是三维空间的辨识

例3：在半径为 R 的圆内画平行弦，如果这些弦与垂直于弦的直径的交点在该直径上的位置是等可能的，求任意画的弦的长度不小于 R 的概率。

分析：本例看似复杂，实际上，由平面几何知识可知，在半径确定的情况下，弦长只与弦心距有关，影响结果的变量只有一个，属于一维空间的问题，因此我们只需要找出与半径相等的那两条弦与圆心的距离。要使弦的长度不小于半径，那么弦心距就不大于我们刚才找到的这个弦心距。

解：设 EF 与 E_1F_1 是长度等于 R 的两条弦，直径 MN 垂直于 EF 和 E_1F_1，与它们分别相交于 K 和 K_1（图3）。依题设条件，有

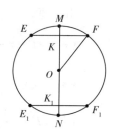

$$|KK_1| = 2|OK| = 2\sqrt{R^2 - \left(\frac{R}{2}\right)^2} = \sqrt{3}R.$$

设事件 A 为"任意画的弦的长度不小于 R"，

由几何概率公式得 $P(A) = \dfrac{\sqrt{3}R}{2R} = \dfrac{\sqrt{3}}{2}$.

图3

例4：在区间 $[-1, 1]$ 上随机取一个数 x，求 x^2 的值不大于 $\dfrac{1}{16}$ 的概率。

分析：在区间 $[-1, 1]$ 上随机取任何一个数都是一个基本事件。所取的数是区间 $[-1, 1]$ 内的任意一个数，基本事件是无限多个，而且每一个基本事件的发生都是等可能的，因此事件发生的概率只与自变量 x 的取值范围的区间长度有关，符合几何概型的条件，同时影响结果的变量只有一个，因此属于一维空间的问题。

解：在区间 $[-1, 1]$ 上随机取一个数 x，即 $x \in [-1, 1]$ 时，要使 $x^2 \leq \dfrac{1}{16}$，则有

$-\dfrac{1}{4} \leq x \leq \dfrac{1}{4}$，所以，使 x^2 的值不大于 $\dfrac{1}{16}$ 的概率为

$$P = \frac{\text{符合条件的区间长度}}{\text{所有结果构成的区间长度}} = \frac{\dfrac{1}{2}}{2} = \frac{1}{4}.$$

例3、例4的共同特征是影响结果的变量只有一个，属于一维空间的问题，应构建直线，使用长度比。

例5：将长为 L 的木棒随机地折成 3 段，求这 3 段木棒能构成三角形的概率。

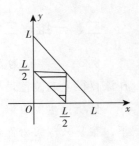

图4

分析： 本例中 3 段木棒之和为 L，所以第三段木棒的长度由另外两段木棒的长度来决定，因此影响结果的变量有两个，属于二维空间的问题。

解： 设"这 3 段木棒能构成三角形"为事件 A. x，y 分别表示其中两段的长度，则第三段的长度为 $L-x-y$.

$\Omega = \{(x, y) \mid 0 < x < L,\ 0 < y < L,\ 0 < x+y < L\}$.

由题意，x，y，$L-x-y$ 要构成三角形，须有

$x + y > L - x - y$，即 $x + y > \dfrac{L}{2}$；

$x + (L - x - y) > y$，即 $y < \dfrac{L}{2}$；

$y + (L - x - y) > x$，即 $x < \dfrac{L}{2}$.

故 $A = \left\{ (x, y) \mid x + y > \dfrac{L}{2},\ y < \dfrac{L}{2},\ x < \dfrac{L}{2} \right\}$.

如图 4 所示，可知所求概率为 $P(A) = \dfrac{A\ 的面积}{\Omega\ 的面积} = \dfrac{\dfrac{1}{2} \cdot \left(\dfrac{L}{2}\right)^2}{\dfrac{L^2}{2}} = \dfrac{1}{4}$.

例6：已知函数 $f(x) = -x^2 + ax + b$，若 a，$b \in [-1, 3]$，求 $f(1) > 0$ 的概率。

分析： a，$b \in [-1, 3]$，影响结果的变量有两个，应构建二维空间来解决问题。

解： $f(1) = -1 + a + b > 0$，即 $a + b > 1$，$-1 \leq a \leq 3$，$-1 \leq b \leq 3$，

分别以 a，b 为横轴和纵轴建立坐标系，如图 5 所示，设"$f(1) > 0$"为事件 A. 则

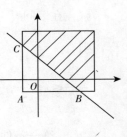

图5

$P(A) = \dfrac{S_{矩} - S_{\triangle ABC}}{S_{矩}} = 1 - \dfrac{\dfrac{1}{2} \times 3 \times 3}{4 \times 4} = \dfrac{9}{23}$.

例7：某码头接到通知，甲、乙两艘外轮都会在某天 9 点到 10 点之间的某一时刻到达该码头的同一个泊位，早到的外轮要在该泊位停靠 20 分钟办理完手

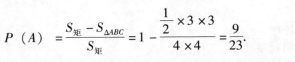

续后才离开，求两艘外轮至少有一艘在停靠泊位时必须等待的概率。

分析：本例看似复杂，实际上本例中有两个变量，就是这两艘外轮的到达时间，属于二维空间问题，应当构建平面来解决问题。

解：设事件 A 为"两艘外轮至少有一艘在停靠泊位时必须等待"，两艘外轮到达的时间分别为 9 点到 10 点之间的 x 分、y 分，则 $|x-y| \leq 20$，$0 \leq x \leq 60$，$0 \leq y \leq 60$，以 9 点为原点，建立平面直角坐标系如图 6 所示，事件所对应的区域如图中阴影区域所示：

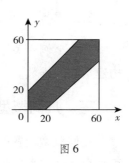

图 6

所以，$P(A) = \dfrac{S_{阴影}}{S_{正方形}} = \dfrac{5}{9}$.

"会面"类型常见的载体是两人相约见面、轮船停靠泊位等，其本质是：影响问题结果的变量有两个，属于二维空间问题，应当构建平面来解决。借助于线性规划知识，构建不等式（组），将问题转化为面积之比求出，使得问题得以解决。

例 8：任取三条不大于 a 的线段，求这三条线段能构成一个三角形的概率。

分析：本例与例 5 相类似，但本例中的三条线段互不相干，所以应设置三个独立变量，属于三维空间问题。注意到三条线段构成三角形的充要条件，可得出约束条件。

解：设三条线段的长分别为 x，y，z，则

$$\begin{cases} 0 < x \leq a, \\ 0 < y \leq a, \quad (1) \\ 0 < z \leq a, \end{cases}$$

由三条线段构成三角形的条件可知，其中的任意两条之和大于第三条线段，于是，有

$$\begin{cases} x + y > z, \\ y + z > x, \quad (2) \\ z + x > y, \end{cases}$$

如图 7 所示，在空间直角坐标系中，（1）所对应的区域是正方体 OA_4，（2）所对应的区域是六面体 $OA_1A_2A_3A_4$，

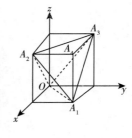

图 7

所以 $P（A）= \dfrac{V_{OA_4}}{V_{OA_1A_2A_3A_4}} = \dfrac{a^3 - 3 \cdot \dfrac{1}{3} \cdot \dfrac{a^2}{2} \cdot a}{a^3} = \dfrac{1}{2}$.

例 3 至例 8 关键是要明确构建几维空间，影响问题结果的变量的个数就是构建空间的维数。

三、几何概型问题的本质

几何概型问题的本质是数形结合法，其中关键的一步是明确构建几维空间，再结合线性规划知识，将问题转化为长度比、面积比或体积比，而构建空间的维数就是影响问题结果的变量的个数。

数学文化与高中数学教学

广东省云浮市邓发纪念中学　林朝冰

人类进入 20 世纪以来，现代数学得到迅速发展，数学学科已经发展为有 30 余种分支的庞大体系。现在每年发表的论文多达数万篇，产生几十万条新定理，令人目不暇接。越分越细的数学分支，使人感到数学越来越深奥难懂，人们开始怀疑数学对普通人的作用，社会上大多数人不知道现代数学究竟有何用，数学已不再能吸引天赋最好的学生。

在这种情况下，2013 年美国国家研究委员会（NRC）发布了《2025 年的数学科学》的报告，报告认为："将数学科学作为一个统一的整体进行考虑是关键的，核心数学和应用数学之间的区别越来越模糊，今天很难找到有哪个数学领域与应用不相关①。"在美国学术界，许多研究数学科学的人都对此表示认同。这种"区别越来越模糊""很难找到有哪个数学领域与应用不相关"正是数学文化的作用。

对于数学与社会来说，数学文化能使公众了解数学在人类文化中的作用，从而坚定数学对人类文化作用的信心。

近年来，我国教育界也关注到了数学文化的作用。2017 年颁布的《普通高中数学课程标准（2017 年版）》就明确提出：应注重数学文化在教学中的渗透，注意将数学文化融入课程内容②。从 2017 年开始，高考全国卷考试大纲就增加了数学文化的要求，近年来的全国高考题中对数学文化的考查也越

---

① （美）美国国家研究委员会编 . 2025 年的数学科学［M］. 刘小平，李泽霞，译 . 北京：科学出版社，2019.

② 中华人民共和国教育部 . 普通高中数学课程标准（2017 年版）［M］. 北京：人民教育出版社，2018.

来越多，那么我们应该如何去认识数学文化，去思考数学文化？数学文化对高中数学教学有哪些作用？以下谈谈个人观点，以期给大家带来对数学文化的一些新认识。

一、什么是数学文化

什么是数学文化？至今没有一个科学统一的定义。

《普通高中数学课程标准（2017 年版）》是这样定义的："数学文化是指数学的思想、精神、语言、方法、观点，以及它们的形成和发展；还包括数学在人类生活、科学技术、社会发展中的贡献和意义，以及与数学相关的人文活动①。"

南开大学教授顾沛在其著作《数学文化》一书中认为："数学文化一词的内涵，简单说，是指数学的思想、精神、方法、观点，以及它们的形成和发展；广泛些说，除上述内涵外，还包含数学家、数学史、数学美、数学教育、数学发展中的人文成分、数学与社会的联系、数学与各种文化的关系，等等②"

内蒙古师范大学代钦教授给出这样的定义："数学文化是数学知识、思想方法及其在人类活动的应用以及与数学有关的民俗习惯和信仰的总和③。"

可见，数学文化是人类文明的重要组成部分，数学文化融入人类文化、民族文化之中，是人类不断探索、创造和发展过程中产生的科学精神、价值取向、审美意识的具体表现，它涵盖了数学的价值观、数学思想方法、数学语言、数学的思维方式、数学美、数学的发展史和数学的人文价值等。

当今许多学者认为可以从文化人类学、数学活动、数学史等多个维度去理解和研究数学文化的内涵，数学文化不仅是指数学自身属于人类社会的一种文化现象，而且是指数学还拥有广泛的超越数学自身意义的因素以及这些因素对人类的巨大影响，从而应把数学的发生、发展以及数学教育放到整个社会文化背景中去观察和认识。

---

① 中华人民共和国教育部．普通高中数学课程标准（2017 年版）［M］．北京：人民教育出版社，2018.

② 顾沛．数学文化［M］．北京：高等教育出版社，2013.

③ 代钦．释数学文化［J］．数学通报，2013（4）：1－4.

二、数学文化与核心素养

《普通高中数学课程标准（2017 年版）》指出："学科核心素养是育人价值的集中体现，是学生通过学科学习而逐步形成的正确价值观念、必备品格和关键能力。数学学科核心素养是数学课程目标的集中体现，是具有数学基本特征的思维品质、关键能力以及情感、态度与价值观的综合体现①。"

数学学科核心素养包括数学抽象、逻辑推理、数学建模、直观想象、数学运算和数据分析六个方面。下面以数学抽象和逻辑推理为例说明核心素养与数学文化之间的联系。

数学抽象：从数量与数量关系、图形与图形关系中抽象出数学概念及概念之间的关系，从事物的具体背景中抽象出一般规律和结构，并用数学语言予以表征。数学抽象是数学发展的基石，在人类文明发展的历史长河中，无数数学家用他们的慧眼看世界，从纷繁的世界中提取数学因子，形成数学概念，凝练数学语言，开创数学世界，这不就是数学文化吗？这不就是我们最需要传给学生的东西吗？

逻辑推理：是指从一些事实和命题出发，依据规则推出其他命题的素养。是得到数学结论、构建数学体系的重要方式，是数学严谨性的基本保证，是人们在数学活动中进行交流的基本思维品质。能培养学生形成重论据、有条理、合乎逻辑的思维品质和理性精神，增强交流能力②。这里所要培养的思维品质、思想品质、理性精神和交流能力不就是文化吗？

由此可见，数学核心素养是数学文化的具体表现形式，华东师大张奠宙教授认为：数学核心素养包括真、善、美三个维度，一是理解理性数学文明的文化价值，体会数学真理的严谨性、精确性；二是具备用数学思想方法分析和解决实际问题的基本能力；三是能够欣赏数学智慧之美，喜欢数学，热爱数学。所以弘扬数学文化是落实数学学科核心素养的有力抓手。

三、数学文化对高中数学教学的影响

美国心理学会（APA）于 1993 年提出的与学习有关的心理学原理认为：学

---

① 中华人民共和国教育部.普通高中数学课程标准（2017 年版）［M］.北京：人民教育出版社，2018.

② 同①。

习是一种有目的地从信息和经验中建构意义的过程。成功的学习者，能自觉地建构有用的知识体系，自主获取终生成功地学习所必需的思维和学习策略，随着时间的推移，伴随着支持和教学引导，能够形成有意义的、系统的知识体系。所以让学生弄明白数学是什么、数学有什么用，对学生是否能主动学习、构建和形成有意义的、系统的知识体系非常重要。

学生是否明白所学对象"是什么"，往往决定了他们的学习视野、学习态度和学习方法。如果学生认为这个东西毫无价值，那么他就根本不会主动地去学，显然不可能学好。相反，对于自认为有用的东西，就会表现出浓厚的兴趣，有强烈的学习冲动，他就会想方设法地学习它，自然就能取得好成绩。因此，在教学中，老师要想办法让学生弄明白数学"是什么"，数学有什么用，这样教学才能取得成功。

长期以来，在应试教育的压力下，数学教学实行题海战术，我们的数学教育将数学视为技巧与形式的堆积。学习数学变成了想方设法获取解题技巧，变着戏法进行各种形式机械运算，学生变成了解题机器。教师往往只注重传授学生数学知识，将数学课上成了习题课，上来就给出定义、定理，直接粗暴，紧接着是一堆空洞的解题训练，把数学从丰富的文化内涵中抽离出来，将其过度形式化、抽象化，而忽略了数学运用以及与其他领域的联系。通过大量的数学习题、数学考试来训练学生，想用这种方法来培养和提高学生的数学能力，其结果是学生应用数学的能力非常薄弱，毫无数学素养可言。数学学习变得枯燥乏味，学生的创造力被扼杀，更谈不上具备什么数学素养。另外，数学文化能深刻地反映数学的内部结构、数学文化特征，数学文化教育不仅可以传递给学生数学知识和数学技能，更重要的是培养了学生的数学思维和数学精神，培养了学生的数学核心素养。当下，不注重数学文化的机械化的数学教育已跟不上形势，必将被历史所淘汰。

数学文化是培养学生积极的学习态度的重要手段，在进行数学教学时，在学习到用数学家名字命名的定义和定理时，不失时机地介绍数学家刻苦钻研、勤学好问、坚持不懈的先进事迹和高尚情怀，可以让学生在学习数学知识的同时，感染数学家优秀的品德，树立正确的学习态度，增强克服困难的勇气和毅力，使学生的思想品德得到熏陶，发挥数学文化的育人价值。同时还可以改变学生认为数学只是一种数字游戏，数学是数学家们玩的游戏，普通人学习数学只是为了应付考试这样一些错误的想法，从而进一步激发学生学习数学的欲望，

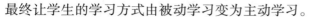

最终让学生的学习方式由被动学习变为主动学习。

数学文化与数学教育是密切相关的，首先，数学作为一种文化在很大程度上影响数学教育，因为数学文化的价值在于数学对于人们的观念、思想、精神以及思维方式等所产生的重要影响，虽然它是一种潜移默化的作用，但它却是切切实实存在的。其次，数学教育本质就应该是数学文化的教育，高中的数学教育的对象是十七八岁的青少年，其心理、生理特征都决定这一时期正是其人生观、价值观形成的重要阶段，任何学科的教学都应该围绕立德树人这一根本任务来进行。中学、大学的数学课程的主体内容除了数学知识和技能外，还应该包括数学文化中那些共同的价值观念、探索精神和探索方法。因此，在高中数学教育中呈现数学文化、体现文化的传递功能是非常重要的，在承载渗透数学文化重任的数学课堂教学中，我们必须保证在课堂教学中体现数学文化的价值——数学自身的价值、科学价值、社会价值和精神价值。数学课堂是学生开展数学活动的主要场所，将数学文化内容作为学生开展数学活动依据的主要数学素材，是数学课堂教学发挥出它轻松承载传递数学文化重任的功能的关键，体现和实施数学自身的价值、科学价值、社会价值和精神价值是学生数学探究活动得以开展的有力保障。将数学文化引入数学课堂，通过教师生动，简洁的语言表达，不仅可以使学生将注意力转移到学习上来，同时也可以提升其他知识学习；不仅提升了学生的学习成绩，同时也促进了他们对数学的认知度和兴趣度，还可以传播数学思想、方法、精神和文化，培养学生的数学素养。进而培养学生求真、求善、求美、创新、探索的精神，在数学课堂中渗透数学文化是一种应然要求。

四、高中数学教材中的数学文化

在各学段数学教材中，都有大量的数学文化教学素材，以高中数学人教 A 版为例，具体内容如下：

（一）阅读与思考

必修 1：

（1）13—14 页集合中元素的个数。

（2）26 页函数概念的发展历程。

（3）68—69 页对数的发明。

（4）91—92 页中外历史上的方程求解。

必修 2 :

（1）22 页画法几何与蒙日。

（2）74—75 页欧几里得《几何原本》与公理化方法。

（3）111—112 页笛卡尔与解析几何。

（4）124—125 页坐标法与机器证明（吴文俊－吴方法）。

必修 3 :

（1）45—47 页割圆术（求圆周率）。

（2）55 页一个著名的案例。

（3）59 页广告中数据的可靠性。

（4）62—63 页如何得到敏感性问题的诚实反应。

（5）79—80 页生产过程中的质量控制图。

（6）92—93 页相关关系的强与弱。

（7）122 页天气变化的认识过程。

（8）140—141 页概率与密码。

必修 4 :

（1）17—18 页三角学与天文学。

（2）78—79 页向量及向量符号的由来。

（3）114 页向量的运算（运算律）与图形性质。

必修 5 :

（1）21 页海伦和秦九韶。

（2）32—33 页菲波那切数列。

（3）59—60 页九连环。

（4）91—92 页错在哪儿。

选修 2－1 :

（1）19—20 页"且""或""非""与""交""并""补"。

（2）75—77 页圆锥曲线的光学性质及其应用一。

（3）99—101 页向量概念的推广与应用。

（二）探究与发现

必修 1 :

76 页互为反函数的两个函数图像之间的关系。

必修 2 :

（1）30—32 页祖暅原理与柱体、锥体、球体的体积。

（2）90—91 页魔术师的地毯。

必修 3：

（1）36 页函数 $y = A\sin(\omega x + \varphi)$ 及函数 $y = A\sin(\omega x + \varphi)$ 的周期。

（2）41—42 页利用单位圆中的三角函数线研究正弦函数、余弦函数的性质。

必修 4：

（1）8—9 页解三角形的进一步讨论。

（2）63—64 页购房中的数学。

选修 2 – 1：

（1）42—43 页为什么截口曲线是椭圆。

（2）62—63 页为什么 $y = \pm\dfrac{b}{a}x$ 是双曲线 $\dfrac{x^2}{a^2} - \dfrac{y^2}{b^2} = 1$ 的渐近线。

（3）74 页为什么二次函数 $y = ax^2 + bx + c$（$a \neq 0$）的图像是抛物线。

选修 2 – 3：

（1）11—12 页子集的个数有多少。

（2）25—26 页组合数的两个性质。

（3）35—36 页"杨辉三角"中的一些秘密。

（4）59 页服从二项分布的随机变量取何值时概率最大。

（三）信息技术应用

必修 1：

（1）37—38 页用计算机绘制函数图像。

（2）61 页借助信息技术探究指数函数的性质。

（3）93—94 页借助信息技术求方程的近似解。

（4）108—109 页收集数据并建立函数模型。

必修 2：

139—141 页用《几何画板》探究点的轨迹：圆。

必修 3：

（1）48 页利用正切线画 $y = \tan x$，$x \in \left(-\dfrac{\pi}{2}, \dfrac{\pi}{2}\right)$ 的图像。

（2）136 页利用信息技术制作三角函数表。

必修 4：

（1）35 页估计 $\sqrt{2}$ 的值。

（2）94—96 页用 Excel 解线性规划问题距离。

选修 2 - 1：

50—51 页用《几何画板》探究点的轨迹：椭圆。

选修 2 - 1：

74—75 页 μ，σ 对正态分布的影响。

在人教 A 版高中数学教材中，有关数学文化方面的内容很多，有经典的知识介绍，有前人方法的探究，有现代信息技术的融合。因为前几年的高考没有对数学文化进行考查，在高考指挥棒的作用下，这些内容基本都被教师们忽略了，直到 2017 年教育部修订了高考考试大纲，数学科高考考试大纲在表述上有了一些变化：在能力要求内涵方面，增加了基础性、综合性、应用性、创新性的要求，增加了数学文化的要求，同时对能力要求进行了详细说明，使能力要求更加明确具体。同样是在高考指挥棒的指挥下，各种所谓的文化题层出不穷，但都具有强烈的功利思想，没有真正地把数学文化渗透到日常课堂教学中。事实上，要依据课本，把课本上的数学文化花一定的时间让学生去认真品味和思考，这些才能真正发挥数学文化的功能，并有利于培养学生的数学核心素养。

五、如何在课堂教学中渗透数学文化

1. 在概念教学中追踪数学家的思路和历程

数学中每一个新概念的产生与发展必定有其前因后果，追踪数学家的思路和历程，介绍数学史不仅能揭示数学概念的起源和发展，而且还能展示数学家们追求真理的锲而不舍的精神，数学概念具有高度的抽象性和概括性，但数学概念的形成并不是一蹴而就的。教师如果能恰如其分地运用数学史知识，让学生亲自体验概念产生和发展的过程，体验数学抽象的过程，从而达到培养学生数学抽象的核心素养，有利于形成良好的数学观，让学生看到抽象的数学概念绝不仅仅是冰冷的美丽，其产生过程同样蕴含着火热的思考。

例如，在学习函数的定义时，可以向学生介绍函数定义的演变历程：

1692 年，莱布尼兹首次使用 function 一词，指出"像曲线上的点的横坐标、纵坐标、切线的长度等，所有与曲线上的点有关的量，即称为函数。"

1718 年，丁·贝努里的函数定义："由自变量 x 和常数所组成的式子，叫作 x 的函数。"

1734 年，欧拉首次使用函数记号 $f(x)$，即 function 的第一个字母。

1748 年，欧拉的函数定义："函数是指某种可随意描画的曲线。"

1755 年，欧拉又给出定义："如果某个量以这样一种方式依赖于另一变量，即当后面这些变量变化时，前面一些变量也跟着发生变化，则称前面的那些变量是后面这些变量的函数。"

1834 年，罗巴切夫斯基的函数定义："x 的函数是由每个 x 所决定，且随 x 而不断变化，函数值可用解析表达式给定，也可用法则给定，这个条件提供了一种全部对应值的寻求方法，函数的这种依赖关系可以存在但仍然是未知的。"

1837 年，狄里克莱的函数定义："如果对于 x 的每一个值，y 总有完全确定的值与之对应，则称 y 是 x 的函数。"

1934—1936 年，索伯列夫引入了广义函数，于是，函数的定义摆脱了数集的约束，而拓宽为一般元素集合到一般元素集合的一种对应关系了，即中学课本上所使用的映射定义。（不过，中学的函数概念是狭义的，即数集之对应）

"追踪"函数概念的修正、扩展、形成过程，解决了模糊不清的问题，同时理清了概念的来龙去脉，有利于打消学生对科学发现的神秘感，缩短学生与科学家的心理距离；又为学生构建了能登上科学巨人肩膀的脚手架，使认识数学科学。数学史的丰富文化背景让学生对函数这一抽象的概念有了具体的认识，从而激发了学生学习的热情。

2. 在应用中渗透数学文化

数学源于生活中，又服务于生活，数学的文化意义不仅在于知识本身和它的内涵，还在于它的应用价值，应用于社会实践、融入大众文化的数学文化才是有生命力的文化。因此，要想在课堂中渗透数学文化，就应培养学生的应用意识，教师要完成素材的创造和再创造，从生活中选取具有代表性的、学生比较熟悉的事例安排实践活动，比如"股市走势图""必格分析表""存、贷款利率结算"等，让学生应用所学知识解决生活中的实际问题，感受到数学与生活的密切联系，进一步培养学生应用数学的意识和能力，使数学的应用价值、文化意义得到进一步体现。研究中发现当数学文化真正融入数学教学活动之中时，数学开始变得和蔼可亲、平易近人，学生从数学学习中感受到数学的美、悟数学的思想，从数学学习中汲取生命的力量，真正爱上数学、学好数学、享受数学。

3. 挖掘数学思想中丰富的文化印记

数学文化是人类思想、思维与观念的结晶，是具体的数学知识、数学技能、数学思想和数学思维观念的延伸。所以，渗透数学文化不应就数学文化说数学文化，而应当挖掘、提炼具体的数学知识、数学技能、数学思想和数学思维观念中丰富的文化印记，将数学文化润育在数学知识和数学思想当中，以求达到润物细无声的效果。教学中，注重思想方法、思维观念的教学，但不限于就事论事、就题解题，要挖掘数学知识、数学思想背后的思维方式和价值理念。数学中不仅充满了辩证法、哲学哲理，还蕴含丰富的美学观念。比如，正与负，有限与无限，函数与反函数，一般与特殊，对称、简洁、和谐等。教师在教学过程中，充分挖掘这些文化信息，以弥补教材的不足。这是一个再抽象再创造的过程，也是教学的进一步升华，数学的本质要求数学教学本应如此。

4. 开展丰富多彩的数学文化活动，充分展示数学文化内涵

开响鼓还需重锤敲，酒香也怕巷子深。数学文化也需要广泛的、大力的推广，开展一些数学文化活动是宣传普及数学文化的有效途径。

首先，学校每年定期举办数学文化节，通过举办数学文化节，达到传播优秀数学文化，展现数学的内涵和美丽，提高学生的数学兴趣和素养的目的。同时数学文化也是人类文化的重要组成部分，学校举办数学文化节，在全校范围内营造数学文化，也是创建校园文化的一部分。

其次，可以成立数学文化社团，指派老师进行指导，定期开展活动，比如开展社会调查活动，运用数学知识统计、分析数据，做出决策。开展数学建模活动，让数学知识应用于日常生活之中。还可以开展数学故事收集活动，让学生感悟数学在历史长河中的作用。

可以让学生去发现数学在物理、化学、生物中的应用，可具体到每个知识点，比如化学中分子结构的学习要用到数学中立方体的知识；生物遗传内容涉及数学中的概率知识，物理的学习更是离不开数学的推理与计算。使学生体会到数学作为一种工具，其运用性之广，其他学科望尘莫及。

开设数学文化课程，直接进行数学文化教学。利用高中数学教材中的一些数学文化选修课程，如"数学史选讲"专题，经过教师的再创造补充和丰富相关内容。除了开设这些课程之外，还可结合学校自身实际，开设数学文化校本课程。

六、结束语

王梓坤院士曾指出："数学教师的职责之一就在于培养学生对数学的兴

趣。这等于给了他们长久钻研数学的动力。优秀的数学教师之所以在学生心中永志不忘，就是由于他点燃了学生心灵中热爱数学的熊熊火焰。"作家梁晓声说过这样一句话："文化就是根植于内心的修养，无须提醒的自觉。"培养学生的数学文化素养，就是要让数学文化根植于学生内心，让他自觉用数学的眼光看世界，用数学的思维去思考，用数学的习惯去生活，用数学的语言去描述世界。

利用 logoup 3D 绘图软件突破简单
多面体外接球问题

广东省云浮市邓发纪念中学　林朝冰

　　简单多面体外接球问题是立体几何中的难点和重要的考点，此类问题的关键是确定球心的位置进而求出球的半径。这类问题之所以成为学生的难点，主要是因为学生在头脑中没有形成清晰的空间形象，无法想象出球与简单多面体的空间位置。logoup 3D 绘图软件可以简单形象地画出球及各种多面体的 3D 图形，能生动形象地再现球与简单多面体的空间位置，并能通过 3D 打印机将模型打印出来。

　　著名的学习金字塔告诉我们"做中学"或"实际演练"是主动学习的一种，学习效率可达到 75%，学生在信息技术课中已经学习了 logoup 3D 绘图软件的使用，动手绘出简单多面体及其外接球，能有效帮助学生形成清晰的球与简单多面体的空间位置的空间形象，从而突破本问题的难点。笔者在教学过程中做了一些尝试，意在抛砖引玉，供大家参考。

一、简单多面体外接球相关结论的推导

　　定理 1：设球 O 的半径为 R，球心为 O，平面 α 截球 O 所得的小圆圆心为 O_1，半径为 r，则 $OO_1 \perp$ 平面 α，$R = \sqrt{r^2 + OO_1^2}$.

　　证明：如图 1 所示，AB，CD 是小圆 O_1 的两条直径，则点 A，B，C，D 都在球面上，

　　所以 $OA = OB = OC = OD = R$，

　　点 O_1 是线段 AB，CD 的中点，

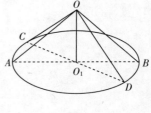

图 1

所以 $OO_1 \perp AB$，$OO_1 \perp CD$，$AB \cap CD = O_1$，$AB \subset \alpha$，$CD \subset \alpha$，

所以 $OO_1 \perp$ 平面 α，所以 $R = \sqrt{r^2 + OO_1{}^2}$.

推论 1：设直棱柱底面外接圆半径为 r，高为 h，则其外接球半径为：

$$R = \sqrt{r^2 + \frac{1}{4}h^2}.$$

证明：球心 O 到直棱柱各顶点的距离相等，所以 $OO_1 = \frac{1}{2}h$，

所以 $R = \sqrt{r^2 + OO_1{}^2}$

$$= \sqrt{r^2 + \frac{1}{4}h^2}.$$

推论 2：设长方体的长、宽、高分别为 a，b，c，则长方体外接球的半径

为：$R = \frac{1}{2}\sqrt{a^2 + b^2 + c^2}$，特别地，当 $a = b = c$ 时，即长方体为边长为 a 的正方

体时，$R = \frac{\sqrt{3}}{2}a$.

证明：长方体底面为长方形，长、宽分别为 a，b，底面外心位于长方形对

角线中点处，所以 $r = \frac{1}{2}\sqrt{a^2 + b^2}$，长方体的高为 c，由推论 1 得

$$R = \sqrt{r^2 + \frac{1}{4}h^2}$$

$$= \sqrt{\frac{1}{4}\left(a^2 + b^2\right) + \frac{1}{4}c^2}$$

$$= \frac{1}{2}\sqrt{a^2 + b^2 + c^2}.$$

推论 3：已知棱锥有一侧棱 VA 垂直于底面，棱锥底面外

接圆半径为 r，高为 h，则其外接球半径为：$R = \sqrt{r^2 + \frac{1}{4}h^2}$.

证明：如图 2 所示，因为球心 O 到点 V 的距离与到点

A 的距离相等，所以 $OO_1 = \frac{1}{2}h$，

所以 $R = \sqrt{r^2 + OO_1{}^2}$

$$= \sqrt{r^2 + \frac{1}{4}h^2}.$$

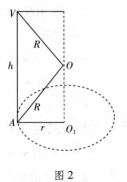

图 2

推论 4： 已知棱锥顶点 V 在底面的投影正好是底面多

边形的外心，棱锥底面外接圆半径为 r，高为 h，则其外

接球半径为：$R = \dfrac{r^2}{2h} + \dfrac{h}{2}$.

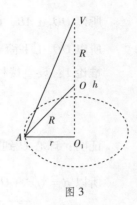

证明：如图 3 所示，$OO_1 = h - R$，

由 $R = \sqrt{r^2 + OO_1{}^2}$，得 $R^2 = r^2 + (h - R)^2$，化简得

$2hR = r^2 + h^2$，所以 $R = \dfrac{r^2}{2h} + \dfrac{h}{2}$.

图 3

二、绘制直棱柱及其外接球

1. 绘制边长为 100 的正方体及其外接球

将学生分为 6 个小组，让每个学生独立自主绘制 2 分钟，然后小组交流 3 分钟。

教师：同学们在绘制过程中遇到了什么困难？后来又是怎么解决的？

学生：绘制正方体后，光标位于正方体下底面的中心处，绘制球时，球心位于光标处，也就是说球心位于正方体的下底面的中心，所以必须移动光标，光标的位置和球的半径是解决本问题的关键。

解决方案：通过尝试球心位置应将光标上移 50，也就是正方体的中心，由推论 2 计算出球的半径 $R = \dfrac{1}{2}\sqrt{100^2 + 100^2 + 100^2} = 50\sqrt{3}$.

成果分享：

logoup 3D 绘图代码：

```
1 color red
2 cube 100，100，100
3 up 50
4 t = 50 * sqrt（3）
5 color lime
6 ball t
```

图 4

设计意图： 直观地感受了球心与正方体中心的空间位置，进一步巩固了正方体外接球的半径与正方体边长之间的关系。

2. 绘制边长为 100 的正方体及其内切球

将 1 的问题改为绘制内切球，学生很快得出解决方案，只需将第 6 行改为

ball 50 即可，这时有学生提出绘制的图形不像！教师适时引导哪里不像？如何修改才会更像？经过小组讨论很快学生得出修改方案，先绘制球再绘制正方体。

成果分享：

logoup 3D 绘图代码：

1 color red

2 cube 100，100，100

3 up 50

4 color lime

5 ball 50

图 5

设计意图：体会到了用 logoup 3D 绘图的次序。

3. 绘制长、宽、高分别为 100、80、60 的长方体及其外接球

要求：小组合作绘图方案，并分享成果。

教师：绘图次序是怎样的？

学生：先画长方体，再定球心，后求半径。

教师：球心位置如何确定？

学生：将光标上移 30.

教师：球的半径怎么求？能用数学式子表述出来吗？

学生：设长方体的长、宽、高分别为 a，b，c，则球的半径为：

$$R = \frac{1}{2} \sqrt{a^2 + b^2 + c^2}.$$

成果分享：

logoup 3D 绘图代码：

1 color red

2 cube 100，80，60

3 up 30

4 color lime

图 6

5 t = 0.5 * sqrt（pow（100，2）+ pow（80，2）+ pow（60，2））

6 ball t

设计意图：直观地感受了球心与长方体中心的空间位置，进一步巩固了长方体外接球的半径与长方体边长之间的关系。

4. 绘制底面边长为 30、高为 30 的正六棱柱及其外接球

要求：小组合作绘图方案，并分享成果。

教师：请分享绘制过程中遇到的问题及解决方案。

学生：不能直接插入正六棱柱，只能先画好正六边形再拉伸，而且画正六边形时，软件设定的变量是边数和外接圆半径，需要将边长换算成半径。

教师：如何换算？

学生：正六边形的边长等于外接圆的半径。

教师：球心位置如何确定？

学生：将光标下移 15。

教师：前面的例子都是光标上移，为什么这个例子是下移？

学生：画好正六棱柱后光标位于上底面中心。

教师：球的半径怎么求？能用数学式子表述出来吗？

学生：设正六棱柱的底面边长为 a，高为 h，则正六棱柱的底面外接圆半径 $r = a$，所以球的半径为：$R = \sqrt{a^2 + \frac{1}{4}h^2}$.

成果分享：

logoup 3D 绘图代码：

```
1 ngon 6, 30
2 color red
3 fill
4 extrude 30
5 up  −15
6 t = sqrt（pow（15, 2）+ pow（30, 2））
7 color lime
8 ball t
```

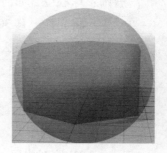

图7

设计意图： 本例要求绘制的正六棱柱与前例中要求绘制的正方体、长方体的绘制方法是不同的，正方体、长方体在软件中有现成的构件，插入即可，但正六棱柱在软件中没有现成的构件，需要先画好正六边形再拉伸而成，完成后光标位于正六棱柱上底面中心。通过本例可进一步体会球心位置的确定方法及外接球半径的求法。

5. 绘制底面边长为 $30\sqrt{3}$、高为 30 的正三棱柱及其外接球

教师：我们先要确定什么？怎么确定？

学生：先要确定正三角形外接圆的半径，设正三角形边长为 a，则正三角形外接圆的半径 $r = \dfrac{\sqrt{3}}{3}a$，所以 $r = 30$.

（代码略）

设计意图：巩固球心位置的确定方法及外接球半径的求法，并复习了正三角形外接圆半径的求法。

6. 绘制底面为直角三角形，两直角边长分别为 100、80，高为 60 的直三棱柱及其外接球

要求：小组合作绘图方案，并分享成果。

本例独特之处在于底面不是正多边形，软件没有现成的构件，球心的位置及球的半径是解决本例的关键。

教师：请分享绘制过程中遇到的问题及解决方案。

学生：先画底面直角三角形再拉伸，由于底面是直角三角形，软件没有现成的构件，只能一条线一条线地画，画好三角形后光标位于三棱柱的顶点处，需要将光标移到外接球球心处。

教师：底面直角三角形外接圆圆心在何处？

学生：斜边的中点处。

教师：球心位置如何确定？

学生：底面外接圆圆心向上拉伸到高的一半处。

教师：设三棱柱底面直角三角形两直角边分别为 a，b，高为 c，则它的外接球的半径怎么求？能用数学式子表述出来吗？

学生：底面外接圆半径 $r = \dfrac{1}{2}\sqrt{a^2 + b^2}$，由推论 1，外接球的半径为：$R = \dfrac{1}{2}\sqrt{a^2 + b^2 + c^2}$.

成果分享：

```
1 width 5
2 color red
3 draw
4 go 100
5 turn 90 + atan （5/4）
6 go sqrt （pow （100，2） + pow （80，2））
7 turn 90 + atan （4/5）
```

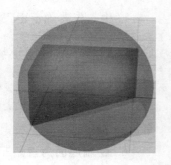

图 8

8 go 80

9 done

10 fill

11 extrude 60

12 moveto getox () +40, getoy () +50, getoz () −30

13 t = 0.5 * sqrt ((pow (100, 2) + pow (80, 2)) + pow (60, 2))

14 color dark_ gray

15 ball t

设计意图:体会底面为非正多边形时,如何确定球心的位置,如何求出球的半径。

7. 补形法求外接球的半径的原理及其应用范围

教师:同学们,例 2.6 中,求外接球的半径的公式是不是似曾相识?

学生:与例 2.3 中求长方体外接球的半径的公式是一样的。

教师:所以在求底面为直角三角形的直三棱柱的外接球半径时,我们可以补一个全等的三棱柱使之成为长方体,再通过求长方体的外接球半径来达到目的,这种方法称为补形法。

教师:算一算,若例 2.5 用补形法求外接球的半径,结果是什么?你有什么发现?为什么?

(学生小组讨论后,分享成果)

学生:计算结果与之前的结果不一样!所以例 2.5 不能用补形法解决。因为正三角形补一个全等的正三角形得到的是一个菱形,而菱形对角不互补,没有外接圆,所以正三棱柱补形后不内接于球。

教师:满足什么条件的三棱柱才能用补形法?

学生:底面为直角三角形的直三棱柱可用补形法求外接球的半径。

设计意图:体会补形法求外接球的原理及适用范围。

8. 小结

通过以上几个例子,我们可以得出:

直棱柱外接球球心的位置:球心位于上下底面外接圆圆心连线段的中点处。

直棱柱外接球半径的求法：

设直棱柱底面外接圆半径为 r，高为 h，则其外接球半径为：

$$R = \sqrt{r^2 + \frac{1}{4}h^2}.$$

底面为直角三角形的直三棱柱可用补形法求外接球的半径。

三、绘制棱锥及其外接球

1. 绘制底面为直角三角形的三棱锥及其外接球

如图 9 所示，在三棱柱 $V - ABC$ 中，$AB \perp AC$，$VA \perp$ 底面 ABC，$AB = 100$，$AC = 80$，$VA = 60$，绘制三棱锥 $V - ABC$ 及其外接球。

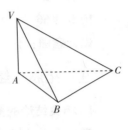

图 9

要求：小组合作绘图方案，并分享成果。

教师：将本例中外接球球心位置、半径与例 2.6 比较，你发现了什么？

学生：外接球球心位置、半径与例 2.6 完全一样。

教师：想一想，本例能用补形法吗？如果能，如何补？

学生：可以，补成长方体。

（代码略）

设计意图：体会底面为非正多边形时，如何确定棱锥外接球心的位置及求外接球半径的方法。

2. 绘制底面边长为 80，高为 100 的正四棱锥及其外接球

要求：小组合作绘图方案，并分享成果。

本例的关键是确定球心的位置及球的半径。

教师：外接球的半径怎么求？

学生：先计算底面外接圆半径 $r = \frac{1}{2}\sqrt{2} \times 80 = 40\sqrt{2}$，由推论 4，外接球的半径为：$R = \frac{r^2}{2h} + \frac{h}{2} = 66.$

教师：球心位置如何确定？

学生：底面中心向上拉伸到 33 处。

成果分享：

1 ngon 4，56.5685425

2 color rgb （255，0，0）

3 fill

4 body

5 scale 0

6 up 100

7 dome

8 up －66

9 color gray

10 ball 66

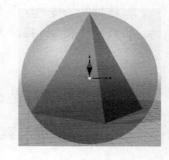

图 10

设计意图：体会如何确定正棱锥外接球心的位置及求外接球半径的方法。

四、拓展：绘制圆锥及其内切球

1. 相关结论的推导

定理 2：已知球 O 是底面半径为 r，高为 h 的圆锥的内切球，则球 O 的半径为

$$R = \frac{hr}{r + \sqrt{r^2 + h^2}},$$

证明：如图 11 所示，$\triangle VDO \sim \triangle VO_1A$，

所以 $\dfrac{R}{r} = \dfrac{h - R}{\sqrt{r^2 + h^2}}$，

$$R = \frac{hr}{r + \sqrt{r^2 + h^2}}.$$

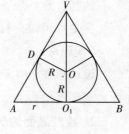

图 11

2. 绘制底面半径为 30，高为 40 的圆锥及其内切球

教师：内切球的半径怎么求？

学生：由定理 2，内切球的半径为：$R = \dfrac{hr}{r + \sqrt{r^2 + h^2}} = 15$.

教师：球心位置如何确定？

学生：底面中心向上拉伸到 15 处。

成果分享：

1 color red

2 cone 30，40

3 up 15

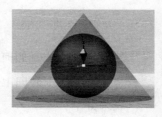

图 12

4 color blue

5 ball 15

设计意图： 体会如何确定圆锥内切球心的位置及求内切球半径的方法。

五、结束语

《普通高中数学课程标准（2017年版）》明确指出："学科核心素养是育人价值的集中体现。是学生通过学科学习而逐步形成的正确价值观念、必备品格和关键能力。数学学科核心素养是数学课程目标的集中体现，是具有数学基本特征的思维品质、关键能力以及情感、态度与价值观的综合体现，是在数学学习和应用的过程中逐步形成和发展的。数学学科核心素养包括：数学抽象、逻辑推理、数学建模、直观想象、数学运算和数据分析。"①

教育部考试中心任子朝先生在《从能力立意到素养导向》一文中指出："素养导向的高考命题注重情境化试题的考查。情境活动指能够表现出学生学科素养的情境活动，是学科素养的载体，情境包括现实的生活实践情境活动与学术探究情境活动。在考查过程要理论结合实践，特别是结合生产、生活实际设计试题，采用源于社会、源于生活的真实的情境，考查学生分析和解决具有实际意义的问题的能力。"②

事实上，2019年高考数学全国卷已经充分体现了对核心素养和情境化的考查，2019年高考数学全国Ⅲ卷的第16题就设置了一个3D打印的情境。

利用logoup 3D绘图软件绘制简单多面体及其外接球并通过3D打印机将绘制的模型打印出来，能达到三个目的，一是培养了学生数学建模的核心素养；二是为学生创设了一个真实的情境，在情境学习过程中数学核心素养得到了培养；三是使简单多面体外接球问题这个学习难点得以突破。

当前，信息技术飞速发展，利用3D打印等先进的信息技术辅助数学教学，是数学教学改革的发展方向。

---

① 中华人民共和国教育部. 普通高中数学课程标准（2017年版）［M］. 北京：人民教育出版社，2017.

② 任子朝. 从能力立意到素养导向［J］. 中学数学教学参考，2018（13）.

也谈利用课堂教学培养学生的数学核心素养

广东省云浮市邓发纪念中学　林朝冰

高中课程标准修订组给出了数学学科核心素养的六个主要方面，即"数学抽象、逻辑推理、数学建模、运算能力、直观想象、数据分析"。① 每每提到这些，老师们大都觉得很抽象，在平常教学中不知如何体现，甚至认为关注这些能力会影响数学成绩的提升。事实上，学生解决任何一个数学问题、解任何一道数学题的过程，无一不是先阅读、观察已知条件，进行数据分析，再选择适当的数学知识，最后进行推理运算得出结果。这一过程实际上就是运用直观想象、数据分析、数学抽象、数学建模、逻辑推理、运算能力的过程。学生的数学学习过程就是不断地运用这六大核心素养的过程。因而，充分利用数学课堂，培养学生的六大核心素养是非常必要的。

一、创设情境，引发质疑，激发学习兴趣

对数学学习感兴趣会促使学生积极主动地对数学学习内容或过程进行了解和探求，再也不会觉得数学学习是一种沉重的负担。有兴趣的学习能使学生全神贯注、积极思考，掌握得迅速而牢固，让人达到废寝忘食的境地，甚至会使人创造出奇迹。学生的学习兴趣会影响数学学习的动机和效果，学习兴趣是掌握数学知识与技能的关键，也是形成数学素养的前提。

在教学过程中，通过趣味创设法、问题创设法，将教学问题创设到与学生生活环境、知识背景密切相关的，又是学生感兴趣的学习情境，通过以疑生疑，

---

① 中华人民共和国教育部. 普通高中数学课程标准（2017 年版）［M］. 北京：人民教育出版社，2017.

让学生亲身体验感悟到数学的乐趣，激发学习兴趣。

例如：在学习"二分法求方程的近似解"时，提出问题："有 12 个乒乓球特征相同，其中只有一个重量异常，现在要求用一部没有砝码的天平称三次，将那个重量异常的球找出来，应该如何操作？""中美跨海光缆共有 200 个节点，在一个风大浪急的夜晚，电缆发生了故障，如果你是维护工程师，你如何迅速查出故障所在？"

又如：在学习"余弦定理"时，提出问题："修建一条高速公路，要开凿隧道将一段山体打通。现要测量该山体底侧两点间的距离，即要测量该山体底侧 A，B 两点间的距离（如图 1 所示）"学生往往会构建一个直角三角形 ABC，其中角 C 为直角。这时老师引导学生质疑："在野外复杂条件下，是否一定能找到 C 点使 $\angle C = 90°$？"一个质疑就使学生兴趣盎然！

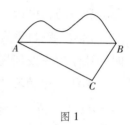

图 1

二、更新教学观念，舍得花时间让学生体验数学知识发生的过程

追溯古今，每一个数学知识发生的过程都是数学抽象与数学建模的过程，让学生体验数学知识发生的过程，就是对学生数学抽象能力与数学建模能力的培养过程。再现数学知识发生的过程不仅使学生的数学抽象能力与数学建模能力得到培养，同时也培养了学生的数据提取和分析能力、逻辑推理能力和运算能力，可谓一举多得。

例如：在学习"两角差的余弦公式"时，课本给出了一个求电视发射塔高度的问题，由于这个问题与实际结合度高，学生不能在短时间内理清思路，加之数据繁杂，所以要解决这个问题需要花掉大量的课堂时间，在追求短时间内出成绩的大背景下，多数教师都采取了跳过问题直接证明"两角差的余弦公式"，然后大量训练公式的运用的教学方法。但笔者认为，课本设计这个问题是有它的深刻用意的！这个问题的解决过程恰恰是数学抽象与数学建模的过程，是将实际物件、建筑抽象成几何线条和图形的过程，是将实际问题建模成解三角形的数学问题的过程，同时还是培养学生逻辑推理能力和运算能力的好手段，所以这个问题非但不能砍，还要舍得花时间让学生去讨论、探究直到解决。

三、要舍得花时间让学生去发现规律

在进行公式、定理和数学方法的教学过程中，教师往往在公式、定理和数学方法的熟练掌握上下大功夫，花大力气，而舍不得花时间让学生去发现公式、定理和数学方法。这样做不仅使学生缺少了类比归纳、探索发现的过程，而且学生不能正确领会概念和结论，也不能从知识结构的总体上把握概念、定理、方法和技巧，更谈不上灵活地运用所学知识去解决问题，只能死记一点知识，几种题型，题目稍有变化，就束手无策。因而，在课堂教学过程中，要舍得花时间让学生去发现规律。

例如：在学习"初高中衔接内容之十字相乘法"时，首先让学生计算形如 $(x+a)(x+b)$ 的多项式乘法，如 $(x+3)(x+4)$，$(x+2)(x-5)$ 等，引导学生发现 $a+b$，ab 与计算结果的关系；然后还要让学生互相出题进行发现过程演练，经过大量的计算和发现得出结论：$(x+a)(x+b)=x^2+(a+b)x+ab$，反之：$x^2+(a+b)x+ab=(x+a)(x+b)$；接着进行体会与尝试："因式分解：x^2+4x+3，x^2-2x-3"；再让学生体会"将各数表示成两个整数的积的形式（尽所有可能）"，进而找出十字相乘法的规律。整个教学过程充分体现让学生去发现规律这一指导思想。

在"十字相乘法"的教学过程中，不仅培养了学生类比归纳、探索发现的能力，通过利用"十字相乘法"进行因式分解，还培养了学生的直观想象和直观判断能力。

四、大力培养学生的直觉判断能力

史宁中教授在文《数学的抽象》中说："数学知识的形成依赖于直观，数学知识的确定依赖于推理，也就是说，在大多数的情况下，数学的结果是'看'出来的而不是'证'出来的，所谓'看'是一种直觉判断，这种直觉判断建立在长期的有效能的观察和思考的基础上……"，何小亚教授在文《数学核心素养指标之反思》[①] 中说："数学创造中最重要的是直觉和想象这两大合情推理""数学推理才是数学的核心素养之一"，因此直觉判断能力也应当是学生的重要数学素养，它能使学生迅速找出数学问题的解决方案。

---

① 何小亚. 数学核心素养指标之反思 [J]. 中学数学研究（华南师范大学）版，2016（7）.

培养学生的直觉判断能力的途径主要有以下几种：

（1）采用数形结合法培养学生的图形直观能力，数形结合法是解决数学问题中最基本、也是最常用的思想方法，是培养学生图形直观能力的最常用途经，在这里就不详叙了。

（2）采用变式、逆向等教学方法，培养学生的代数式直观能力，所谓代数式直观是指能从数学表达式中，探明其内涵和规律。直白地说，就是能从所给数学表达式中，解读出对解题有帮助的信息。例如：由等式 $a_{n+1} - a_n = d$ 马上能判断数列 $\{a_n\}$ 是等差数列；由已知 $a_n > 0$，$a_n^2 + 2a_n = 4S_n + 3$，求 $\{a_n\}$ 的通项公式。马上想到公式：$a_n = \begin{cases} s_1, & n = 1 \\ s_n - s_{n-1}, & n \geq 2 \end{cases}$，这就是代数式直观能力。

通过变换问题的条件和结论，变换问题的形式，但问题的实质保持不变的教学方式，或者是变换公式或结论的表述方向，即逆向运用公式的教学方式，可以有效地培养学生的代数式直观能力。例如：在学习"递推数列的通项公式"时，通过不断变换递推公式，来引导学生找出规律和方法。

例 1：递推关系形如：$a_{n+1} = pa_n + q$（p，q 为常数且 $p \neq 1$，$q \neq 0$）的数列（尾巴为常数的递推关系），

利用不动点求出 $x = px + q$ 的根 $x = -\dfrac{q}{p-1}$，

递推关系可化为 $a_{n+1} + \dfrac{q}{p-1} = p\left(a_n + \dfrac{q}{p-1}\right)$，

利用等比数列求出 $a_n + \dfrac{q}{p-1}$ 的表达式，进而求出 a_n.

例 2：递推关系形如：$a_{n+1} = pa_n + an + b$（p，a 为常数且 $p \neq 1$，$p \neq 0$，$a \neq 0$）的数列（尾巴为一次函数的递推关系），

令 $a_{n+1} - x(n+1) + y = p(a_n - xn + y)$ 与 $a_{n+1} = pa_n + an + b$ 比较解出系数 x，y 构造等比数列。

例 3：递推关系形如：$a_{n+1} = pa_n + an^2 + bn + c$（$p$，$a$ 为常数且 $p \neq 1$，$p \neq 0$，$a \neq 0$）的数列（尾巴为一次函数的尾巴为一次函数），

令 $a_{n+1} - x(n+1)^2 + y(n+1) + z = p(a_n - xn^2 + yn + z)$ 与 $a_{n+1} = pa_n + an^2 + bn + c$ 比较解出系数 x，y，z 构造等比数列。

以上 3 个例子，层层递进，使学生自然而然地发现规律，形成了代数式

直观。

　　总之，抓好课堂教学，使它成为培养学生的数学核心素养的主阵地，是素质教育的需要，也是提高数学成绩的需要。

展示数学的人文魅力，提高学生的数学素养

广东省云浮市邓发纪念中学　林朝冰

在数学教学过程中，经常会遇到这样一些学生，他们认为数学枯燥、抽象，从而影响他们学习数学的积极性。在他们看来：数学只需学会加、减、乘、除就可以了，比较复杂的计算可以用计算器！造成这种现象的原因是："教师在教学过程中，很少考虑如何通过数学教学，使学生全方位地认识和体验数学的价值；体会数学的精神；领略数学的审美；感悟数学交流；尝试数学创造等。忽视数学的人文魅力。"

数学学习活动不应仅仅是对概念、技能和结论的记忆和模仿。事实上，数学是人类文化的重要组成部分，介绍数学的发展历史、应用和趋势，注意体现数学的社会需要、数学家的创新精神、数学科学的思想体系、数学的美学价值，使学生了解数学在人类文明发展中的作用，将有助于激发学生学习数学的兴趣，使学生树立学好数学的信心，认识数学的科学价值和人文价值，崇尚数学思考的理性精神，欣赏数学的美学魅力，形成正确的数学观并使之成为正确世界观的组成部分。

作为中学数学教师，我们有必要尽量利用课本内容向学生展示数学的人文魅力，提高学生学习数学的兴趣和积极性，从而提高学生的数学素养。

事实上，在新版的《高中数学课程标准》（第二稿）中就明确指出："数学是全人类的共同财富，也是 21 世纪公民必备的科学文化素养。应当通过介绍数学发展的历史，了解数学在人类思想发展中的作用，包括了解数学在推动当代社会发展中的社会价值。在整个数学教学中，都要注意体现数学的社会需要、数学家的创新精神、数学科学的重大作用、数学的美学价值，逐步形成正确数学观，并使之成为正确世界观的一部分。"

一、让学生感受数学美的魅力

数学美自古以来就吸引着人们的注意力。正如人们所说，"哪里有数，哪里就有美"，数学美不同于自然美和艺术美，数学美是独特的、内在的，这种美没有绘画或音乐那样华丽，它的美是纯洁的、崇高的，是一种理性的美，抽象的美。没有一定数学素养的人，不可能感受数学美，更不能发现数学美。数学以其简洁性、对称性、和谐性、统一性、奇异性为特征表现出它的美。

一些表面上看来复杂得令人眼花缭乱的对象，一经数学的分析便显得井然有序，从而唤起理性上的美感。例如三角函数的诱导公式。

对称美是数学美的核心。数学图形及数学表达式的对称不仅给人视觉上的愉悦，也给人们的理解和记忆带来不少便利，如互为反函数的图像、三角函数图像等。

作为数学教师，应在教学中首先感受并体会到这种美，并通过教学用这种感受去影响和感染学生，让学生体会到数学学习中的美，每一章节、每一个公式的推导、每一个函数图像的得出都应引导学生体会这种数学所特有的美。一位学生曾私下对我说："我的数学基础差，因而对数学没多大兴趣，你在课堂上不断地跟我们讲数学美，渐渐地我也能体会出这种美了，学数学也越来越有滋味了。"可以想象这种从内心深处感到数学美的学生，学习的积极性和创造性一定会不断提高。

二、让学生领略数学家的风采

学生学习数学，往往会"老师怎么讲，我就怎么学"或者"课本上怎么说，我就怎么学"。至于老师为什么这么讲，课本上为什么这么说，则知其然而不知其所以然。这种学习方法，客观上束缚了学生的思维。因此，在学习某些内容尤其是学习到数学发展的某些转折处时，适当地给学生介绍一些有关的数学发展史，讲清它们发展演变的来龙去脉及背景，有利于学生数学素质的培养和提高。

这种思路，在高中数学新教材（试验修订本·必修）中得到了很好的体现，在新教材中，增加了"阅读材料"这一意义深远的内容，它把相关的数学史知识介绍给学生，利用"阅读材料"能进一步促进学生学习数学的兴趣和积极性。

例如，在学习对数和指数时，首先引导学生学习阅读材料《对数和指数发展简史》，介绍数学家纳皮尔、欧拉、笛卡尔及费马的故事，以及对数的发现对天文学发展的贡献等。由于篇幅所限课本上"阅读材料"所介绍的内容很少，不能满足学生的好奇心，我们引导学生查阅资料，通过查阅有关书籍、上网搜索等方法，得到了以下材料：

　　在纳皮尔所处的时代，哥白尼的太阳中心说，日益强烈地吸引着人们去探索宇宙的奥秘；自然科学获得了迅速的发展，人们的计算量成百上千倍地增加，大得吓人的天文数字，笨拙落后的计算方法，迫使科学家们成天泡在烦冗的数字计算中，也就很难有足够的精力去发现新的规律，进行新的探索。纳皮尔是一个天文爱好者，他想了许多办法来简化计算问题，终于发明了对数。

　　纳皮尔发明的对数方法震动了欧洲，当时最优秀的科学家伽利略，曾经发出了这样的豪言壮语："给我时间、空间和对数，我可以创造一个宇宙来。"后来著名的天文学家和数学家拉普拉斯也赞叹地说："对数的方法使得好几个月的劳力缩短为少数几天，它不仅可以避免冗长的计算与或然的误差，而且实际上使天文学家的生命延长了好几倍。"

　　我们把查到的资料用板报的形式让大家分享。在整个活动中，学生是主动参与的，活动的效果与学生被动的听是不可同日而语的。可以从以下两个同学的周记中反映出来，一位学生在周记中这样写道："纳皮尔耗费了毕生的精力去计算出 14 位对数表，目的是延长他人的'生命'，这是多么崇高的情操啊！"另一位学生写到："我一直以为，只有诗人才有烂漫的故事，只有文学才有传奇的色彩，没想到数学也有如此精彩的故事。"可以预见，数学在他们的心目中已不再是枯燥而乏味的了，在数学家人格魅力的感召下，学生的学习兴趣和积极性将会大大地提高，从而使数学素养不断地提高。

　　此后，我们每上一章都会首先和学生一起学习相关的"阅读材料"，而学生也形成了查阅相关材料的习惯，如第二册（上）的《笛卡尔与费马》等。

　　当然影响一个学生数学素养的因素是多方面的，如学生本身的素质、条件、学习态度及学习环境等。但作为数学教师在向学生传授知识的同时，若能重视全面提高学生的数学素质，培养学生良好的学习方法和正确的思维方式，就等于给了学生一片金钥匙，让他们抓住了学习的主动性，不但可以变学会为会学，而且良好的学习习惯将使他们受益终生。

改变思路，搞好向量教学

广东省云浮市邓发纪念中学　林朝冰

　　向量思想是一种较为先进的数学思想，是一种研究问题和解决问题的有力工具，在各个领域都有广泛的应用，在高中数学新教材中引入向量，具有相当重要的现实意义，对今后的数学教学将产生深远的影响，"这是未来数学的解题模式，是数学的进步。"同样，这一思想也是对笛卡尔"变实际问题为数学问题，再变数学问题为方程问题，然后只需求解方程便可使问题得以解决"这一数学哲学思想的完美体现。将向量引入高中数学教材，并作为一种基础理论和基本方法要求学生掌握。这是由于向量知识具有以下几大特点所决定的。

一、向量能使几何问题代数化

　　利用向量可以使抽象的、需要较强空间想象能力的立体几何问题简单化、代数化。

　　例1：用向量法证明"直线与平面垂直的判定定理"。

　　已知：如图1所示，m，n是平面 α 内的两条相交直线，直线 l 与 α 的交点为 B，且 $l \perp m$，$l \perp n$.

　　求证：$l \perp \alpha$.

　　（传统方法大家都比较熟悉，本文略去，下同）

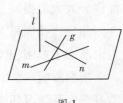

图1

　　证明：在平面 α 内作不与 m，n 重合的任一条直线 g，

　　在 l，m，n，g 上取非零向量 $\boldsymbol{i}$，$\boldsymbol{m}$，$\boldsymbol{n}$，$\boldsymbol{g}$，因直线 m

与 n 相交，得向量 $\boldsymbol{m}$，$\boldsymbol{n}$ 不平行，所以存在唯一数对 $(x，y)$，使向量 $\boldsymbol{g} = x\boldsymbol{m} + y\boldsymbol{n}$，$\boldsymbol{i} \cdot \boldsymbol{g} = x\boldsymbol{i} \cdot \boldsymbol{m} + y\boldsymbol{i} \cdot \boldsymbol{n}$.

　　因为 $l \perp m$，$l \perp n$，所以向量 $\boldsymbol{i} \perp \boldsymbol{m}$，$\boldsymbol{i} \perp \boldsymbol{n}$.

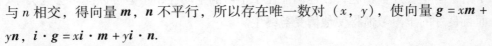

所以 $i \cdot m = 0$，$i \cdot n = 0$，

所以 $i \cdot g = 0$，从而 $i \perp g$，所以 $l \perp g$.

所以直线 l 垂直于平面 α 内的任一直线，所以 $l \perp \alpha$.

由以上解法可以看出，向量法比传统的方法更容易理解，学生更容易接受。

二、向量能使复杂问题简单化

利用向量解决一些数学问题，将大大简化原本利用其他数学工具解题的步骤，使学生多掌握一种行之有效的数学工具。

例 2：如图 2 所示，已知两条异面直线 a，b 所成的角为 θ，线段 A_1A 为直线 a，b 的公垂线，$A_1 \in a$，$A \in b$，在直线 a，b 上分别取点 E，F，已知 $A_1E = m$，$AF = n$，$EF = l$，求公垂线 A_1A 的长 d.

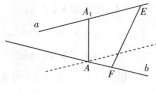

图 2

解：$\overrightarrow{EF} = \overrightarrow{EA_1} + \overrightarrow{A_1A} + \overrightarrow{AF}$，

$\overrightarrow{EF}^2 = (\overrightarrow{EA_1} + \overrightarrow{A_1A} + \overrightarrow{AF})^2$

$= \overrightarrow{EA_1}^2 + \overrightarrow{A_1A}^2 + \overrightarrow{AF}^2 + 2\overrightarrow{EA_1} \cdot \overrightarrow{A_1A} + 2\overrightarrow{A_1A} \cdot \overrightarrow{AF} + 2\overrightarrow{EA_1} \cdot \overrightarrow{AF}$.

因为 A_1A 为直线 a，b 的公垂线，$A_1 \in a$，$A \in b$，$E \in a$，$F \in b$，

所以 $\overrightarrow{A_1A} \perp \overrightarrow{EA_1}$，$\overrightarrow{A_1A} \perp \overrightarrow{AF}$，所以 $\overrightarrow{A_1A} \cdot \overrightarrow{EA_1} = 0$，$\overrightarrow{A_1A} \cdot \overrightarrow{AF} = 0$.

又因为异面直线 a，b 所成的角为 θ，所以 $\langle \overrightarrow{EA_1}, \overrightarrow{AF} \rangle = \theta$（或 $\pi - \theta$），

$\overrightarrow{EA_1} \cdot \overrightarrow{AF} = |\overrightarrow{EA_1}| \times |\overrightarrow{AF}| \cos\theta$ 或 $\overrightarrow{EA_1} \cdot \overrightarrow{AF} = -|\overrightarrow{EA_1}| \times |\overrightarrow{AF}| \cos\theta$，

所以 $\overrightarrow{EF}^2 = \overrightarrow{EA_1}^2 + \overrightarrow{A_1A}^2 + \overrightarrow{AF}^2 \pm 2|\overrightarrow{EA_1}| \times |\overrightarrow{AF}| \cos\theta$，

$l^2 = m^2 + d^2 + n^2 \pm 2mn\cos\theta$，

$d^2 = l^2 - m^2 - n^2 \pm 2mn\cos\theta$，

$d = \sqrt{l^2 - m^2 - n^2 \pm 2mn\cos\theta}$.

例 3：如图 3 所示，若 $\triangle ABC$ 三个顶点到平面 α 的距离分别为 a，b，c，$\triangle ABC$ 的重心为 G，且 $\triangle ABC$ 在平面 α 的同侧，求点 G 到平面 α 的距离。

解：以平面 α 为坐标平面 xOy 建立空间直角坐标系 $O - xyz$，则点 A，B，C 的竖坐标分别为 a，b，c，由重心坐标公式，可得点 G 的竖坐标为 $\frac{1}{3}$（$a +$

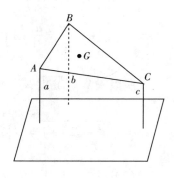

图 3

$b + c$），所以点 G 到平面 α 的距离为 $\dfrac{1}{3}$ （$a + b + c$）.

三、向量的应用非常广泛

向量在解决有关垂直、夹角、距离、体积等问题上得到广泛的应用。

例题4：（2002 年全国高考试题（理）第 18 题）如图，正方形 $ABCD$，$ABEF$ 的边长为 1，而且平面 $ABCD$，$ABEF$ 互相垂直，点 M 在 AC 上移动，若 $CM = BN = a$ （$0 < a < \sqrt{2}$）.

（1）求 MN 的长。

（2）当 a 为何值时，MN 的长最小。

（3）当 MN 的长最小时，求面 MNA 与面 MNB 所成二面角的大小。

解：（1）建立如图 4 所示的空间直角坐标系 $B - xyz$，则各点的坐标分别为

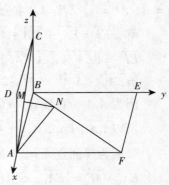

图 4

A （1，0，0），B （0，0，0），C （0，0，1），D （1，0，1），E （0，1，0），F （1，1，0），

所以 $\overrightarrow{BA} = (1, 0, 0)$，$\overrightarrow{BF} = (1, 1, 0)$，$\overrightarrow{BC} = (0, 0, 1)$，$\overrightarrow{CA} = (1, 0, -1)$，$|\overrightarrow{CA}| = |\overrightarrow{BF}| = \sqrt{2}$，

$$\overrightarrow{MN} = \overrightarrow{BN} - \overrightarrow{BM}$$
$$= \overrightarrow{BN} - (\overrightarrow{BC} + \overrightarrow{CM})$$
$$= \frac{a}{\sqrt{2}}\overrightarrow{BF} - \overrightarrow{BC} - \frac{a}{\sqrt{2}}\overrightarrow{CA}$$
$$= \left(\frac{a}{\sqrt{2}}, \frac{a}{\sqrt{2}}, 0 \right) - (0, 0, 1) - \left(\frac{a}{\sqrt{2}}, 0, -\frac{a}{\sqrt{2}} \right)$$
$$= \left(0, \frac{a}{\sqrt{2}}, \frac{a}{\sqrt{2}} - 1 \right),$$

所以 $MN = |\overrightarrow{MN}| = \sqrt{0^2 + \left(\dfrac{a}{\sqrt{2}} \right)^2 + \left(\dfrac{a}{\sqrt{2}} - 1 \right)^2}$

$$= \sqrt{a^2 - \sqrt{2}a + 1} = \sqrt{\left(a - \frac{\sqrt{2}}{2} \right)^2 + \frac{1}{2}}.$$

（2）由（1）得，当 $a = \dfrac{\sqrt{2}}{2}$ 时，MN 的长最小。即当点 M，N 分别移动到

AC、BF 的中点处时，MN 的长最小为 $\dfrac{\sqrt{2}}{2}$.

（3）由（2）得，当 MN 的长最小时，点 M，N 分别为 AC，BF 的中点，

所以点 M，N 的坐标分别为 $\left(\dfrac{1}{2},\ 0,\ \dfrac{1}{2}\right)$，$\left(\dfrac{1}{2},\ \dfrac{1}{2},\ 0\right)$，

所以 $\overrightarrow{BM}=\left(\dfrac{1}{2},\ 0,\ \dfrac{1}{2}\right)$，$\overrightarrow{BN}=\left(\dfrac{1}{2},\ \dfrac{1}{2},\ 0\right)$，

$\overrightarrow{AM}=\left(-\dfrac{1}{2},\ 0,\ \dfrac{1}{2}\right)$，$\overrightarrow{AN}=\left(-\dfrac{1}{2},\ \dfrac{1}{2},\ 0\right)$，

设平面 AMN 的法向量为 $\overrightarrow{n_1}=(x,\ y,\ z)$，由 $\overrightarrow{n_1}\perp\overrightarrow{AM}$，$\overrightarrow{n_1}\perp\overrightarrow{AN}$，得 $\overrightarrow{n_1}\cdot\overrightarrow{AM}=0$，$\overrightarrow{n_1}\cdot\overrightarrow{AN}=0$，

所以 $\begin{cases}-\dfrac{1}{2}x+\dfrac{1}{2}z=0, \\ -\dfrac{1}{2}x+\dfrac{1}{2}y=0,\end{cases}$ 解得，$x=y=z$.

令 $z=1$，得 $\overrightarrow{n_1}=(1,\ 1,\ 1)$，同理可求面 BMN 的法向量 $\overrightarrow{n_2}=(1,\ -1,\ -1)$，

$\cos\ \langle\overrightarrow{n_1},\ \overrightarrow{n_2}\rangle=\dfrac{\overrightarrow{n_1}\cdot\overrightarrow{n_2}}{|\overrightarrow{n_1}|\cdot|\overrightarrow{n_2}|}=-\dfrac{1}{3}$，

所以面 MNA 与面 MNB 所成二面角的大小为 $\arccos\left(-\dfrac{1}{3}\right)$.

另外，向量在物理学、在计算机领域以及实际生活中都有广泛的应用，高中数学新教材第二册（下 B）的阅读材料《向量概念的推广与应用》中，举了两个例子，在这里我就不啰唆了。

由此可见，向量在解决数学问题的过程中有着广泛的用途，向量的应用既能强化用数学的意识，又是提高思维能力的极佳载体。追溯向量在数学上的兴起与发展，还是近几十年的事，越来越多的数学教育者认识到向量不像其他新兴数学学科分支那么深奥难懂，易于处于高中文化水平的学生理解和接受，且其所具有的良好的数形结合特点使它与高中数学知识能够融会贯通，相辅相成。因此，为了保持与世界数学教育发展同步，使当代中学生能够较早接触当代数学的前沿，在高中数学教育中引入向量是非常必要和可行的。

但实际上，在教学过程中，普遍存在对向量教学不重视的现象，一方面是由于新教材刚刚实施，大家还没有实践体验，很难发现向量的优势所在。另一方面，许多一线教师，尤其是老教师，教授老教材多年，教学已经形成固定的

有效模式，且其自身的向量知识和对向量教学优势的认识都比较缺乏。因而大家的思维方式，仍然停留在传统的思想方法上，不愿用向量的思想方法，或没有用向量思想方法的意识。

因而，在教学中要求老师和学生都要解放思想，教师要引导和鼓励学生善于运用向量方法解题。在学习向量之前，可以与学生一起学习阅读材料《向量概念的推广与应用》，并跟学生讲述国家最高科学技术奖获得者——数学家吴文俊教授的数学思想，使学生明确向量的广泛应用，从而使学生在思想上重视向量的学习。

随着向量教学的不断深入，相信广大师生会越来越体会到向量思想的高明之处。

高三数学复习备考策略

广东省云浮市邓发纪念中学　林朝冰

　　一年一度的高考倍受全民关注，牵动千家万户，教育教学质量是一个学校的生命线，数学教学尤为重要。高三是中学学习阶段最关键的一年，高三年级的教学管理是提高教育教学质量的保证，这一年教师和学生任务重、困难多、心理压力大。作为得分的重点和难点的数学应当如何安排教学，是促进学生高考成功的关键。现以 2016 年我校高三数学复习备考为例浅谈高三数学教学的策略。

　　2016 年高考在经历了十年的广东卷后，现在回到全国卷，多少有点迷茫，有点紧张，都说全国卷的数学很难，它是从重点内容的常规类型出发，整套试题看起来熟悉，但往往又会在各个题型的后面题目中渗透着新思维新方法。题目能给学生以信心，即使错也心服口服，在大家觉得熟悉的问题中渗透新意，真正体现不同层次思维。高考数学成绩直接关系到每位考生高考的总成绩，数学教师责任重大，需要用心付出，才能取得成效。回顾走过的历程，我们认为这两年，我们高三数学备课组的教学工作是努力的，是用心的，可以说是竭尽所能，效果也是显著的。总结起来我们这一年高考备考的工作应该说是成功的，首先高考试题的预测是正确的，复习的方向是正确的，学生的成绩是满意的。现将这一年来我们备课组做的工作总结如下，以期得到领导和同行们的指教。

一、深入研究考纲，精心备考

　　2016 年新高考，新起点。全国卷对于我们广东的师生来说是一次新的学习。我们复习时不能照搬以往的经验，而是要做全面的调整，有的放矢地备考。在假期，我们组老师就把近几年的全国卷高考题重做了一遍。开学伊始，我们认真地研读了近年来的考纲，针对做题中发现的问题与考纲中的提示性和暗示性内容，把握今年备考重点。尽量做到不盲目、不漏项，并依据考纲精心制订复习计划。既确定了总体目标，又有切实可行的分段目标。使我们在备考中有章可循，胸中有数。积极参加校内校外的教研学习，认真贯彻《新课程标准》的教学要求，研究全国卷《考试大纲》《考试说明》，把握高考方向。细心推敲对高考内容四个不同层次的要求，准确掌握哪些内容是要求了解的、哪些内容是要求理解的、哪些内容是要求掌握的、哪些内容是要求灵活运用和综合运用的；细心推敲要考查的数学思想和数学方法。

1. 学习考纲，确定高考要求

《考试说明》是由国家教委考试中心颁发的高考法定性文件，规定了考试的性质、内容、形式等，特别是明确指出了考试内容和考试要求，也就是说要考的知识点及各知识点要考到什么程度均有明确规定。教学中使用考试说明，应该仔细剖析对能力要求和考查的数学思想与数学方法有哪些，有什么要求，明确一般的数学方法、普遍的数学思想及一般的逻辑方法（即通性通法），推敲对考试内容三个不同层次的要求，准确掌握哪些内容是了解、哪些是理解和掌握、哪些是灵活和综合运用，在复习教学中应严格按照《考试说明》中所规定的内容和要求去复习。这样既能明了知识系统的全貌，又可知晓知识体系的主干及重点内容。如对基本不等式的规定，"了解基本不等式的证明过程，会用基本不等式解决简单的最大（小）值问题"。也就是说对于基本不等式的证明可以略讲，重点在于应用。又如，在函数部分对反函数的要求："了解指数函数与对数函数互为反函数"，不要求求其他函数的反函数，要求较低，教师没有必要要求学生做大量练习，这样既减轻学生负担，也减轻老师负担。

2. 研究教材与考点的结合点，回归教材

高三不再侧重于新知的传授，而是对旧知的回顾汇总。在复习时我们不应该丢掉教材，而是根据复习计划，在单项训练时把教材内容穿插进去，二者兼顾，融为一体。不少教师和学生在高考总复习时把课本扔到了一边，每天捧着一本资料埋头做题，这是十分错误的。其一，课本是全国统一的，这不仅仅是内容上的统一，而且定义、定理、公式等叙述上的规范，符号上的使用也是统一的。无论资料上、参考书中怎样叙述，如何使用符号，但课本是标准。其二，许多高考题课本中有原型，即由课本中的例题、习题引申、变化而来。2005、2011 年天津卷中的概率题，课本习题实际上是求摸到 2 个白球的概率，高考题

把乙袋子中的球数稍加改动，求摸出 3 个球的概率。

由此可见脱离课本的复习是不可取的，良好的知识结构是高效应用知识的保证，我们应该以课本为标准，重视课本，狠抓基础，将课本中的题目加以引申、拓宽、变化，做到举一反三，触类旁通。

同时我们要以课本为主，重新全面梳理知识、方法，注意知识结构的重组与概括，揭示其内在的联系与规律，从中提炼出思想方法。如：

例 1：函数 $f(x) = \sin\omega x$，$x \in \left(-\dfrac{\pi}{2}, \dfrac{\pi}{2}\right)$ 时单调递减，求 ω 的取值范围。

解法一：利用周期

因为原函数的周期是 $\dfrac{2\pi}{|\omega|}$，且递减，

所以 $\omega < 0$，且 $\dfrac{\pi}{2} - \left(-\dfrac{\pi}{2}\right) = \pi \leqslant \dfrac{\pi}{|\omega|}$，所以 $-1 \leqslant \omega < 0$。

解法二：利用子集

$\because f(x)$ 在 $\left(-\dfrac{\pi}{2}, \dfrac{\pi}{2}\right)$ 上单调递减，

$\therefore \omega < 0$，$\therefore$ 令 $-\omega x = t$，$\therefore y = -\sin t$，在 $t \in \left(\dfrac{\pi\omega}{2}, -\dfrac{\pi\omega}{2}\right)$ 上单调递减；

$\therefore y = \sin t$ 在 $t \in \left(\dfrac{\pi\omega}{2}, -\dfrac{\pi\omega}{2}\right)$ 上单调递增；

$\because$ 此函数在 $\left(-\dfrac{\pi}{2}, \dfrac{\pi}{2}\right)$ 上单调递增，

$\therefore \dfrac{\pi\omega}{2} \geqslant -\dfrac{\pi}{2}$，$-\dfrac{\pi\omega}{2} \leqslant \dfrac{\pi}{2}$，

$\therefore -1 \leqslant \omega < 0$。

解法三：利用求导

原题可转化为：$f'(x) = \omega\cos\omega x \leqslant 0$ 当 $x \in \left(-\dfrac{\pi}{2}, \dfrac{\pi}{2}\right)$ 时恒成立，

$\therefore$ 若 $\omega > 0$，则 $\cos\omega x \leqslant 0$，当 $x \in \left(-\dfrac{\pi}{2}, \dfrac{\pi}{2}\right)$ 时恒成立，

此时 $\omega x \in \left(-\dfrac{\pi\omega}{2}, \dfrac{\pi\omega}{2}\right)$，由图像可知不成立；

若 $\omega < 0$，则 $\cos\omega x \geqslant 0$，当 $x \in \left(-\dfrac{\pi}{2}, \dfrac{\pi}{2}\right)$ 时恒成立，

此时 $\omega x \in \left(\dfrac{\pi\omega}{2},\ -\dfrac{\pi\omega}{2} \right)$，由图像可知 $\dfrac{\pi\omega}{2} \geqslant -\dfrac{\pi}{2}$，$-\dfrac{\pi\omega}{2} \leqslant \dfrac{\pi}{2}$，

∴ $-1 \leqslant \omega < 0$.

例2：（2011 山东省理）若函数 $f(x) = \sin\omega x$（$\omega > 0$）在区间 $\left[0, \dfrac{\pi}{3}\right]$ 上

单调递增，在区间 $\left[\dfrac{\pi}{3}, \dfrac{\pi}{2}\right]$ 上单调递减，则 $\omega =$

(A) 3   (B) 2   (C) $\dfrac{3}{2}$ (D) $\dfrac{2}{3}$

解法一：因为函数是奇函数，所以过原点。因为在区间 $\left[0, \dfrac{\pi}{3}\right]$ 上单调递

增，在区间 $\left[\dfrac{\pi}{3}, \dfrac{\pi}{2}\right]$ 上单调递减，所以 $\dfrac{\pi}{3}$ 是周期的四分之一，所以 $\dfrac{4\pi}{3} = \dfrac{2\pi}{\omega}$，

所以 $\omega = \dfrac{3}{2}$.

解法二：利用子集

解法三：利用恒成立

解法四：利用 $\dfrac{\pi}{3}$ 为极值点，即 $f'\left(\dfrac{\pi}{3}\right) = 0$，得出 $\omega = \dfrac{3}{2}$.

因此在知识的深化过程中，不要孤立对待知识、方法，而是自觉地将前后联系、纵横比较、综合，自觉地将新知识及时纳入已有的知识系统中去，形成一个条理化、有序化、网络化的知识结构。

二、研究高考真题，提高复习的有效性

高考题对中学数学教学发挥着十分重要的导向作用。所以，无论复习哪部分内容，我们都应该认真地分析、研究近几年的高考题对这部分内容的考查情况，做到心中有数，提高效率。如细心研究近几年的高考题对参数方程的考查，可发现仅仅是以选择题或填空题的形式，对参数方程的概念和参数方程化普通方程做了一点简单的考查；对二项式定理的考查主要考了通项公式的应用及求系数和的方法且主要是以选择题和填空题的形式出现的等。即便是来年要考其他方面的，也必将遵循"整体保持稳定，不造成大起大落现象"的原则。那么，我们没有必要在这些内容上过多补充和发挥。

总结命题规律归纳有以下九方面，这是我们选题的方向、组卷的依据：

（1）集合与逻辑是常考考点，一个小题。

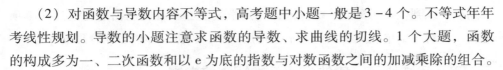
（2）对函数与导数内容不等式，高考题中小题一般是3－4个。不等式年年考线性规划。导数的小题注意求函数的导数、求曲线的切线。1个大题，函数的构成多为一、二次函数和以 e 为底的指数与对数函数之间的加减乘除的组合。

（3）数列。对数列内容，高考题中如果没有大题，小题一般是两个，其中一个是关于通项与求和公式的计算问题，题目比较简单。还有一个是性质的运用或简单递推的题目，这个题目比较新颖，难度也比较大，多放在后面的位置。如果高考题出了大题，那么当年考小题可能性较小。数列大题一般放在大题的第一个，应该是比较简单的，多涉及常规的运算，一些常用的求和方法特别要注意。因此基本运算要过关，常规方法要掌握。

（4）三角向量，平面向量每年必考一个小题，主要考查平面向量的基本性质与运算，属中低档难度；对三角函数与平面向量内容，高考题中大题一般是和数列大题轮流考查。如果不出大题，小题一般是3－4个。大题一般是解三角形问题。

（5）立体几何小题一般是2个，一个是三视图，基本上比较简单，一个会考查球的问题，可能会是组合体，这个题目是非常新颖的，对于大题，重点要关注有关平行与垂直的证明或探索，有关体积或表面积的计算。

（6）解析几何，小题一般是两个，1个大题主要注意：椭圆、抛物线，当然也要考虑与圆结合，题目固定在第20题的位置，有些新意。注意与平面几何知识的结合考查。

（7）概率统计小题一般会是1个，涉及求古典概型、几何概型、线性回归，抽样方法。大题一直考查应用，主要强调是对题意的理解，与统计等知识结合。

（8）框图、复数程序框图每年必考一个程序框图1个小题，主要考查基本结构和语句，判断输出结果，难度中等。复数1个小题，主要考查复数乘除乘方、复数的模、共轭复数等，放在第2题。

（9）选考4－4主要考查直线、圆、圆锥曲线的参数方程及极坐标方程互化和应用。

三、夯实基础，重点突出

针对每个单项训练，要做到精讲多练。高考题经得起推敲和考验，思路比较明确。学生通过做这类题可以初步感知高考，对高考的内容、规律等有初步的把握。这时，老师引领学生探求方法规律，明确考什么，怎么考。我们力求讲到位、练到位、讲深入、练深入，直到学生能够较准确明白地把握这一单项为止。针对每个单项点，我们又不平均用时间，根据具体内容作合理的安排。

四、团结协作，集体备课，发挥集体力量

高三数学备课组，在复习的内容、进度、测试题的命题、改卷中发现的问题交流、学生学习数学的状态等方面上，既有分工又有合作，既有统一要求又有各班实际情况，既有学生容易错误地方的交流，又有典型例子的讨论，既有课例的探讨又有信息的交流。在任何地方、任何时间都有我们探讨、争议、交流的声音。

1. 备课

要扎实开展备课组活动，充分发挥备课组在备考复习中的组织、安排、指导、协调功能，发挥备课组的集体智慧，群策群力，确保总复习高效、有序地运行。坚持做到"四定"即备课活动做到定时间、定地点、定内容、定主讲人；"四不定"即任何时间、地点、内容、我们都是主讲人。哪怕是上课前的几分钟，我们都会因为一个例题的处理、一个题目的几种解法进行探讨、争论、交流。

2. 组卷

我们的组卷工作得到理科备课组的帮助以及市教研室胡老师的指导。我们四人帮共同努力，杨副校长的把关，林朝冰主任的指导，朱铉老师的勤劳勇敢，我们的组卷方向正确，效果显著。

在组卷上分工，每周都有老师负责周三考的基础训练题以及周六的中档大题训练。每次学生做完之后我们组都进行分析，看哪个知识点没有做到，学生哪些没有掌握好的，下次出卷的老师给予补充。做到在第二轮复习的所有的知识点都覆盖。月考试题共同研究定内容定题型，尽能力做到与高考题方向一致。

五、掌握学情，做到有的放矢

深入学生中去了解学生的实际学习情况、学习水平和学习能力，在多次模拟测试中，及时调整教学内容，提前渗透数学思想方法，使教师的教和学生的学都是符合学生的实际学习情况，做到了有的放矢，让每一位同学在课堂学习中得到属于自己的收益。

热爱学生，走近学生，哪怕是一句简单的鼓励的话，都能激起学生学习数学的兴趣，进而激活学习数学的思维。我们四个老师，有管教育的杨校长，有

级长林朝冰主任，有班主任朱铉老师，平常都非常注意学生的教育，结合教学进行恰到好处的启发诱导，不断地鼓励学生，让学生感到成功的快乐。十三班的口语考试，数学成绩往上涨。教师节高三9班给我的留言：喜欢你，不需要理由；报答你，高考成绩，当作礼物送给你。

注重培养学习习惯。注重抓住分析问题、解决问题中的信息点、易错点、得分点，培养良好的审题、解题习惯，养成规范作答、不容失分的习惯。我们的学生基础一般，所以，一定要根据学生实际，放低起点，把学习的内容分解为学生容易把握的一个又一个知识点，把步子迈得慢一点，通过练习，及时反馈，把学生一步一步推向前进。

六、针对学生问题制订教学策略

在阅卷中我们发现学生经常出现的问题有：计算不准、速度不快、知识网络不系统、步骤不清、不会得分。

1. 计算不准

好多同学不是不会，从头到尾思路完全正确，由于开始计算错误，后面全错。若是这样，高考中的评分标准是从计算错误的地方开始到最后若再没有别的错误，那么就给这段分值的一半，若还有错误那就没分了。

2. 速度不快

好多同学试卷都没有答完，有可能知识点不熟练，也有可能写字速度慢，或别的原因。

这两个问题在考场上是解决不了的，需要平时下功夫。比如平时的作业自己定时完成，训练速度和准确性，同时知识网络不系统也会造成做题速度慢，所以我们大家要对已复习过的知识及时总结，形成知识网络，而且至少每周进行一次知识回放，这样学过的知识不容易忘记，做题的速度也会加快。

3. 步骤不清、不会得分

会做的题目当然要力求做对、做全、得满分，而更多的问题是对不能全面完成的题目如何分段得分。有两种常用方法：①缺步解答。对一个疑难问题，确实啃不动时，一个明智的解题策略是：将它划分为一个个子问题或一系列的步骤，先解决问题的一部分，即能解决到什么程度就解决到什么程度，能演算几步就写几步，每进行一步就可得到这一步的分数。如最初地把文字语言译成符号语言，把条件和目标译成数学表达式，设应用题的未知数，设轨迹题的动点坐标，依题意正确画出图形等，都能得分。②跳步解答。解题过程卡在中间环节上时，可以承认中间结论，往下推，看能否得到正确结论，如得不出，说明此途径不对，应立即改变方向，寻找他途；如能得到预期结论，就再回头集中力量攻克这一过渡环节。若因时间限制，中间结论来不及得到证实，就只好跳过这一步，写出后继各步，一直做到底；另外，若题目有两问，第一问做不上，可以第一问为已知，完成第二问，这都叫跳步解答。也许后来由于解题的正迁移对中间步骤想起来了，或在时间允许的情况下，经努力而攻下了中间难点，可在相应位置补上。

七、关注具体化、简单化和符号化

例3：（2009年天津卷）20。（本小题满分12分）

已知等差数列 $\{a_n\}$ 的公差 d 不为0，设 $S_n = a_1 + a_2 q + \cdots + a_n q^{n-1}$，$T_n = a_1 - a_2 q + \cdots + (-1)^{n-1} a_n q^{n-1}$，$q \neq 0$，$n \in \mathbf{N}^*$.

（Ⅰ）若 $q = 1$，$a_1 = 1$，$S_3 = 15$，求数列 $\{a_n\}$ 的通项公式；

（Ⅱ）若 $a_1 = d$，且 S_1，S_2，S_3 成等比数列，求 q 的值；

（Ⅲ）若 $q \neq \pm 1$，证明 $(1-q) S_{2n} - (1+q) T_{2n} = \dfrac{2dq(1-q^{2n})}{1-q^2}$，$n \in \mathbf{N}^*$.

解析：

（1）解：由题设，$S_3 = a_1 + (a_1 + d) q + (a_1 + 2d) q^2$，将 $q = 1$，$a_1 = 1$，$S_3 = 15$ 代入解得 $d = 4$，所以 $a_n = 4n - 3$，$n \in \mathbf{N}^*$.

（2）解：当 $a_1 = d$，$S_1 = d$，$S_2 = d + 2dq$，$S_3 = d + 2dq + 3dq^2$，$\because S_1$，S_2，S_3 成等比数列，所以 $S_2^2 = S_1 S_3$，即 $(d + 2dq)^2 = d(d + 2dq + 3dq^2)$，注意到 $d \neq 0$，整理得 $q = -2$.

（3）证明：由题设，可得 $b_n = q^{n-1}$，则

$$S_{2n} = a_1 + a_2 q + a_3 q^2 + \cdots + a_{2n} q^{2n-1}, \qquad ①$$

$$T_{2n} = a_1 - a_2 q + a_3 q^2 - \cdots - a_{2n} q^{2n-1}, \qquad ②$$

①－②得，

$$S_{2n} - T_{2n} = 2(a_2 q + a_4 q^3 + \cdots + a_{2n} q^{2n-1}).$$

①＋②得，

$$S_{2n} + T_{2n} = 2(a_1 + a_3 q^2 + \cdots + a_{2n-1} q^{2n-2}). \qquad ③$$

③式两边同乘以 q，得 $q(S_{2n} + T_{2n}) = 2q(a_1 + a_3 q^2 + \cdots + a_{2n-1} q^{2n-2})$，

所以 $(1-q) S_{2n} - (1+q) T_{2n} = 2d (q + q^3 + \cdots + q^{2n-1}) = \dfrac{2dq (1-q^{2n})}{1-q^2}.$

整个解题过程就是一个翻译的过程。数学题只用眼看是解决不了的，必须动笔，当你不知道解题思路时，如果把条件都翻译过来，综合考虑，也许答案就出来了。

八、教学中的基本策略和措施

1. 注重课本的利用

数学教材是学习基础知识、形成基本技能的蓝本，能力是在知识传授和学习过程中得到培养和发展的。纵观近几年的高考数学试题，我们不难发现，相当数量的基本题是课本上基本题目的直接引用或稍做变形而得来的，即使综合题也是基础知识的组合、加工和发展，充分表现出教材的基础作用。每个学生应在数学学习中过好三关：

（1）基本概念关。要求对基本概念的要领有准确的、实质性的理解，进而根据内在联系系统化，形成知识链。对重要概念，还要理解其产生、发展的过程及在知识系统中的地位。对容易混淆的概念还要特别加以对比，找出它们之间的联系与区别。

（2）基本定理关。要求对书中任一公式定理有准确的、实质性的理解。应用方面除了分清条件、结论、应用范围、注意事项外，还要注意它的正用、逆用、变用和巧用。

（3）例题习题关。要求熟练求解书中的任一例题和习题，了解该题所反映的知识、能力、方法层次。对重要题目还要做同类题、变题训练，思考解题方向及结论的迁移和运用，并深入研究那些可能被拔高的题目。

2. 注重通法通则训练

《考试说明》明确指出"试题突出通法通则的应用，没有偏题、怪题和超纲题"。有的老师比较重视巧解，巧解固然好，但不一定具有通性，换一道题也许方法就失效了。对于基础较差的学生来说掌握起来有困难。比如：数列问题这几道题都有各自的独特解法，但利用还原基本量一种方法能把这几道题都解出来，所以我认为对有的题虽计算麻烦，但能把一类题解出来这就是一种好方法。并且近几年的高考题中与数列有关的小题难度并不大，没有必要技巧性搞得太强，给学生增加负担。

3. 注重研究解题的方向和方法

学习数学的过程与数学解题紧密相关，而数学能力的提高在于解题的质量而非解题的数量，因为要重在研究解题的方向和方法。要善于从题目的条件和求解（或求证）的过程中提取有用的信息，与记忆系统中的知识网络相结合，提取相关的知识，归结到某个确定的数学关系，这就是解题方向。题目信息与不同数学知识的结合，可能会形成多个解题方向，选取其中简捷的路径，就得到题目的最优解法。解题过程中不断进行这样的思考和操作，将使数学能力得到有效的提高。比如：2011 年天津卷高考题，第二问在把方程具体化之后，得到 $\tan\left(\alpha+\dfrac{\pi}{4}\right)=2\cos2\alpha$，把左边展开得到 $\dfrac{1+\tan\alpha}{1-\tan\alpha}=2\cos2\alpha$，右边再利用倍角公式得到 $\dfrac{1+\tan\alpha}{1-\tan\alpha}=2$（$\cos^2\alpha-\sin^2\alpha$），往下有的学生就不知如何下手了，说明有的学生在平时解题时不注重解三角题的方向"统一角，统一名，降幂"，只要把切化成弦，根据范围两边同除以 $\cos\alpha-\sin\alpha$，再化简即可得出结果。

4. 注重专题综合训练

高考的题型和知识点是比较固定的，比如：小题中复数、线性规划、分段函数、比较大小、向量、直线和圆、排列组合等，基本上每年都有，因此教师要加强解这些题的方法指导。比如对于向量的解法，通过一个题组总结出解决方法：基底法、特例法、坐标法。

5. 突出重点，提高效率

要合理安排时间，不仅要把握好系统复习与专题复习、综合复习的时间进度，还要区别对待重点内容与一般内容，防止平均使用力量。例如函数，函数是高中数学的重要内容，利用函数思想解题更能体现函数的神奇功能。正是由于函数所处的重要地位和特殊作用，使其成为历年高考的热点。二次函数又是学生在高中阶段所学过的最正规、最完备的函数之一，它最能体现学生对函数思想的把握，也是联系高中与大学知识的重要纽带。不管在代数中，还是在解析几何中，利用函数的机会特别多。许多重点内容，如配方法、换方法、参数的分类讨论、解方程、解不等式、不等式的证明、抛物线、函数的最值、轨迹等都与二次函数有密切的关系。二次函数也几乎涉及学生在高中阶段所学过的各种数学思想，如数形结合、函数与方程、分类讨论及等价转化的思想。

6. 基础能力并重，强化思想方法

在高度重视基本知识的基础上，突出对数学能力和应用意识的培养。

　　教学和训练必须注意高考命题向能力型转化的特点，在高度重视基本知识的基础上，突出对数学能力和应用意识的培养。进行教学设计时，应从新视角组织高考复习的内容，对选用的复习资料及训练题，应根据学生的特点，进行认真的删补。删去单纯记忆题、模式题，增补应用性和能力性题。加强代数与几何的有机结合，根除代数、几何各自为战的现象。

　　数学思想和基本数学方法蕴含于数学基础知识，表现为数学观念，它们与数学知识的形成过程同步发展，同时又贯穿于数学知识的学习、理解和应用过程。中学数学中的思想方法包括三个层面的内容：①数学方法。如配方法、换元法、待定系数法等。②逻辑思维方法。如抽象、概括、归纳、类比、反证等。③数学思想。如数形结合、函数与方程、分类讨论、转化化归等。

　　同时在平时的训练中，要高度重视数学思想、基本数学方法的学习及应用，勤于总结，主动地、有意识地将思想方法引入自己的解题实践，提高复习效率。高考试题对数形结合思想，对列举法、换元法、配方法和待定系数法等基本数学方法都有较全面深入的考查。试题对思想方法的考查并不是考查其理论本身，而是考查其应用，这一点与教材是一致的。复习中应要求学生高度重视，勤于总结，主动地、有意识地将思想方法引入自己的解题实践，提高复习效率。

　　例4：已知 $a \geqslant 0$，$b \geqslant 0$，$a + b = 1$，则 $\sqrt{a + \dfrac{1}{2}} + \sqrt{b + \dfrac{1}{2}}$ 的最大值是

_____．

　　解法一：令 $y = \sqrt{a + \dfrac{1}{2}} + \sqrt{b + \dfrac{1}{2}}$，则

$$y^2 = a + b + 1 + 2\sqrt{\left(a + \dfrac{1}{2}\right)\left(b + \dfrac{1}{2}\right)}$$

$$= 2 + 2\sqrt{ab + \dfrac{1}{2}(a + b) + \dfrac{1}{4}} = 2 + 2\sqrt{ab + \dfrac{3}{4}}.$$

因为 $a + b = 1$ 且 a，b 属于正实数，

所以 $0 < ab \leqslant \dfrac{1}{4}$，所以 $y \leqslant 2$.

　　解法二：令 $\sqrt{a + \dfrac{1}{2}} = m$，$\sqrt{b + \dfrac{1}{2}} = n$，$\dfrac{\sqrt{2}}{2} \leqslant m$，$n \leqslant \dfrac{\sqrt{6}}{2}$，

$\therefore m^2 = a + \dfrac{1}{2}$，$n^2 = b + \dfrac{1}{2}$.

$\because a + b = 1$,

原题可转化为 $m^2 + n^2 = 2$, 求 $m + n$ 的范围。

$\because m^2 + n^2 \geqslant \dfrac{(m+n)^2}{2}$,

$\therefore (m+n)^2 \leqslant 4$, $\therefore m + n \leqslant 2$,

$\therefore y \leqslant 2$.

这道题利用了换元的方法，把复杂的问题简单化，体现了转化化归的数学思想。实际上每道高考题我们都没见过，但通过转化化归都能回到我们平时学的题型上来。

在平时的教学中突出思想方法，充分挖掘数学思想的方法在解题中的应用过程。主要突出函数的思想、方程的思想、变换的思想、消元的思想、数形结合的思想。不要就题论题，要从思想或观点上去揭示题目的实质，让学生拿到一个函数或方程问题，能在函数观点或方程观点上宏观驾驭解题思路、迅速做出一般性解决；让学生拿到一问题，能自觉运用变换的思想、消元的思想或数形结合的思想，找到具体方法与技巧，正确快速地解题。

为了更好地突出高考的选拔作用，数学试题的命题强调素养导向。以素养导向命题，是从问题入手，把握学科的整体意义，用统一的数学观点组织材料，对知识的考查倾向于理解和应用，特别是知识的综合性和灵活运用。这要求学生能善于抓住问题的实质，能对试题提供的信息进行分析、组合和加工，寻找解题途径。这样的问题，无现成的题型、模式或方法可套用，需要的是创造精神和创新意识，因此，在教学和复习过程中，培养和逐步提高学生的创新能力尤为重要。提倡问题解决，把数学应用于生产实践和社会生活实际，是高考数学试题改革的方向之一，对中学数学教学有着良好的导向。中学数学教学必须继续坚持这个方向，不断提高学生运用数学知识解决实际问题的能力和数学实践能力。

高考复习的主要任务不只是学知识，而是增强数学素质，优化思维结构，突出数学思想方法，提高学习能力，整个高三的复习是从知识到方法至观点的逐级登高。教师要充分发挥主导作用，以学生为主体，在有限的时间内，让学生在知识和能力上有更大的提高。

九、复习备考各阶段的重心

第一轮复习：夯实基础，建立知识网络结构

（1）对于课本上的每一定义、定理、公式都要熟透于心，理解它的本质、变化及应用。

（2）对于课本的典型问题，既要掌握解答方法，又要思考它的变形、拓展，还应当注意它的应用。

（3）知识网络的形成，解题小结论的提炼，解题思考方式的总结。训练以通法通性题为主，课外训练以选择和填空为主要训练方向，力争解决学生在选择和填空的速度与准确性不高的问题。

第二轮复习：专题过关，提升重点知识综合能力

锻炼学生的综合能力与应试技巧，不重视知识结构的先后次序。主要对"三角函数、概率统计、立体几何、解析几何、函数导数及其应用"六大板块进行复习，尤其应重点放在"三角函数、数列、概率统计、立体几何"。这是我校学生重点得分点，一般来说，试题这部分考查比较平和，要求大多数考生能过关。

第三轮复习：综合模拟，训练考生应对能力

该阶段需要解决的问题是：

（1）强化知识的综合性和交汇性，巩固方法的选择性和灵活性。

（2）检查复习的知识疏漏点和解题易错点，探索解题的规律。

（3）检验知识网络的生成过程。

（4）规范答题。

十、反思

虽然高考已经尘埃落定，我们也取得了良好的成绩，但反思这一年的备考工作，还有很多地方需要改进提高。

（1）在整轮备考甚至整个高中教学过程中，要同时重视学生知识的掌握和能力的提升，尤其是能力的提升，而我们还仍重视前者，轻视后者。

（2）提升教师在一轮复习时对教材的重新设计编辑，重新组合能力。

（3）加强教师的研题、析题力度。东北师范大学附属中学孙大伟老师所讲述的教学理念给我的感悟很深，他说："做复习备考时，最值得反思的是高中三年教学总体目标的阶段性分解，即有哪些知识和能力目标分别在高一和高二年级要基本达成，这样，高三就可以有大把的时间来进一步提升知识的综合运用能力，为应试做好充分准备。"

我们在高一的过渡和稳定积累阶段，高二的发展和生成阶段做得还不完全到位，高三的巩固和备考阶段还留有很多遗憾。在以后的教学中还需要我们不断探索、研究，我们的教学才能不断发展提高，我们才能进行高效的备考、有效的教学，才能让学生自信地走向考场，向学校和社会交一份满意的答卷。

高中数学教材内容编排的几点不足

广东省云浮市邓发纪念中学　林朝冰

《新课程标准》从 2004 年 9 月开始实施至今已经 6 年，总的来说，《新课程标准》体现了全新的教学理念，体现了新时期发展的需要。与国际接轨，体现了国际性。

首先，《新课程标准》确立了新的知识观，改造了数学学习方式，积极倡导学生"主动参与、乐于探究、勤于思考"，培养数学应用及创新意识，《新课程标准》特别强调要丰富学生的学习方式，积极倡导课程教学的自主探索、独立思考、动手实践、合作交流、阅读自学等，以培养学生"获取新的知识"，"分析和解决问题"的能力。

其次，强调对数学本质的认识，淡化数学的形式化表达。《新课程标准》合理地吸纳了我国数学教育中"淡化形式、注重实质"的理念，强调对数学本质的认识，淡化形式化的表达。

最后，《新课程标准》强化数学的人文价值，把数学文化作为与必修和选修课并列的一项课程内容，并要求非形式化地贯穿于整个高中课程中。这使数学文化在课程中应有地位得以确立，表明了新课标对数学的德育功能的高度重视，体现了其鲜明的时代特色。这将使得数学课程具有更全面的育人功能，能够在促进学生知识和能力发展的同时，使得学生的情感、意志、价值观得到健康的发展。

但《新课程标准》实施过程中，在教材编排方面，也体现出一些值得商榷的地方，这类话题有不少专家做过讨论，比如北京大学数学科学院教授、中国科学院院士姜伯驹先生与华南师范大学何小亚教授，作为一个一线教师，我只谈谈以下两个问题的肤浅看法。

一、关于"螺旋式上升"的理念

"螺旋式上升"的课程设计和教材编排兴起于"螺旋式课程"。"螺旋式课程"（Spiral Curriculum）是美国著名教育家、心理学家布鲁纳（J. S. Bruner）在20世纪60年代提出的，意指根据某一学科知识的概念结构，以促进学生认知能力发展为目的的一种课程设计。其基本假设是，任何教材都可以用某种合理的形式来教给任何发展阶段的儿童。"螺旋式课程"提供了一套具有逻辑先后顺序的概念组合，让学生在一定的时间内学习、探索一套逐渐加深、拓宽的复杂概念体系。布鲁纳认为，要掌握并有效地加以运用自然科学、数学的基本观念和文学的基本课题，不能只靠一次学习就达到目的，必须通过反复学习，通过在越来越复杂的形式中加以运用，不断地加深理解，进而逐渐掌握。这就是说，应该将比较高深的科学知识让学生从低年级起就开始学习，以后随着年级的升高，多次反复学习，逐渐加深理解，这样才能真正掌握它。

可见这种理念是具有一定的先进性的，但是"螺旋"哪些内容，何处"螺旋"必须经过慎重的选择。

在《新课程标准》高中数学教材中，代数采用"螺旋式上升"的处理方式是很恰当的，但是立体几何、解析几何的处理就不是很恰当了，因为立体几何、解析几何在高中学习的内容比较少，课时又比较少，若硬要将它们分拆成两块，将导致学生很难形成完整的知识体系。事实上，在实际操作过程中，学生经过必修2中立体几何的学习后，由于课时比较少，很难形成空间想象能力，一年后再学习立体几何时，又要从头培养。解析几何同样也存在这样的问题，学生经过必修2中解析几何的学习后，无法体会解析几何的思想。设想一下，对一个没有一点感觉的知识进行"螺旋"，其效果会是怎样的？

因而，本人认为，立体几何、解析几何不应采取"螺旋式上升"的处理方式，而是将它们分别整合在一个模块中，放在高二学习更符合学生的认知水平。

二、应用问题的设置过多

《新课程标准》强调要发展学生的数学应用意识，力求使学生体验数学在解决实际问题中的作用，理解数学与日常生活及其他学科的联系，逐步形成和发展学生的数学应用意识。

为了实现这一要求，高中数学教材中，大量引用了与实际问题有关的例题和习题，要解决这些问题，必须使用计算器，更甚的是，初中教材中，解一元二次方程只提到了公式法和配方法，而将十字相乘法放入阅读材料中，使学生对计算器产生过分依赖。计算器的使用是一把双刃剑，它的过度使用将弱化学生应有的计算求解能力，导致学生的计算能力下降。

在《新课程标准》高中数学教材中，应用问题的设置过多，特别是在必修5 第一章《解三角形》中，所有的例题、习题都必须使用计算器！有为应用而应用之嫌。目前高中学生计算能力低下，已经成为一种普遍存在。

因此，本人认为，适当地引用与实际问题有关的例题和习题是必要的但一定不能过，毕竟计算能力也是《新课程标准》明确培养的能力之一。

也谈开放性教学

广东省云浮市邓发纪念中学　林朝冰

开放性教学是相对于传统封闭教学而言的。现代教学理论与实践的研究成果表明，课堂教学必须突出以人的发展为本，也就是在教学的全过程中使学生积极主动地参与学习。所以开放性教学恰恰符合了这一教学改革的要求，因为它的课堂教学主要形式，就是要求学生参与多向思维，通过不同角度的探索，自己去获取、巩固和深化知识，并在参与的全过程中发展思维，培养能力。

在我多年的数学教学生涯中，一直沿用传统的教学方法，近一两年我尝试用开放性教学法教学，尝到了这种教学方法的甜头，便一发而不可收。

一、开放性教学，使学生真正地学数学，而不是听数学

在传统的教学过程中，教师要求学生专心听课，紧跟教师的思路，教师必须不断地提醒学生不要开小差、要认真听课。学生不是在学数学，而是在听数学。但数学学习不同于其他记忆学科的学习，它是一个思维的学习过程，是一个发现问题、解决问题的学习过程。在开放性教学过程中，我善于捕捉学生的思维火花，鼓励并指导学生不畏困难，勇于探索、创新、发现，实现自我价值，学生自主地学数学。

二、开放性教学的形式是多样化的

开放性教学可以是一节 40 分钟的常规课，也可以是长达一两个月甚至一个学期的研究调查课，笔者曾指导学生就"函数在实际生活中的应用"进行调查研究，学生根据各自的兴趣、爱好分成若干个小组，自选题目，由于这些题目是自选的，因而学生的兴趣甚浓，题目也是非常有意思的，如《关于乙肝的防

治和建议》《云浮市环境状况调查及环境保护建议》《关于全国足球彩票发行情况的调查》《眼镜的销售与近视率的相关调查》《邮票发行量的调查及集邮的意义》《关于云浮市石材业前景探讨》等，学生通过调查、收集数据，把它们列表、描点、作图像，分析它们的周期性、单调性、最值等函数性质，从而得出各自的结论，这些结论无疑是幼稚的，结论并不重要，重要的是过程，这个开放性的学习过程使学生对函数这一抽象的概念有了感性的认识，进一步加深了对定义域、值域、单调性、周期性等函数性质的理解。

三、万事开头难

俗话说"万事开头难"，刚开始用开放性教学法教学时，学生习惯于听数学，多年的传统教学禁锢了他们的思维，使他们对教师提出的问题不去思考，也不知道怎样去思考，等着教师给出答案，或者是有自己的想法也不敢说出来，这个时候教师不能太急，不要急于说出答案或者是暗示学生答案是什么，要给学生思考的时间，即使是 10 分钟，甚至是 15 分钟！教师应用一些诙谐的语言来鼓励学生，如"谁来做第一个吃螃蟹的人？""第一个发言的人就是最勇敢的人！"当学生大胆地回答问题后，无论正确与否教师都要及时给予肯定和鼓励，如"你真行，今后肯定能成为思想家！""你真厉害，就像一个艺术家！"通过一段时间的训练，学生会越来越喜欢上数学课，越来越喜欢思考。

四、怎样处理实际教学进度与课本进度的关系

开放性教学法的教学过程中，学生思考问题、讨论问题所花去的时间比较多，实际教学进度稍稍慢一些。有的教师怕赶不上进度，因而不敢实施开放性教学法。其实传统教学法与开放性教学法是两种不同思路的教学法，前者较注重结果，而后者更注重过程。前者主要以大量的练习来巩固、加深所学的知识，后者则是当堂理解和开拓所学知识，虽然花的时间多一点，却能一步一个脚印，最后这两种方法的进度将会是趋于统一的。

五、要善于发现学生的思维火花

在开放性教学过程中，学生的一些思维火花教师应及时抓住并加以鼓励，笔者在教授"函数 $y = A\sin(\omega x + \varphi)$ 的图像"的过程中，当讲到 $y = A\sin(\omega x + \varphi)$ 的图像可由 $y = \sin x$ 的图像通过（1）平移，（2）纵坐标不变，横坐标压

缩或伸长等变化而得时，有一学生突然插嘴说："可不可以先做第（2）步再做第（1）步？"同学们哄堂大笑，我却认真地说："这个想法不错呀！请同学们课后设想一下，下一节我们就这个问题做一个实验。"第二节课，我利用《几何画板》软件，让学生自己动手设计由 $y = \sin x$ 的图像变化到 $y = A\sin(\omega x + \varphi)$ 的图像的步骤，从而又上了一节生动的数学实验课。学生的思维经常是教师意想不到的，甚至是与教师的思路相反的，有的是很不成熟的，却隐藏着智慧的火花，抓住它将会给你的教学带来意想不到的效果！

六、精心设计问题

开放性教学是以学生讨论为主的教学活动，那么讨论问题的设计将是教学成功与否的关键。在设计问题时应遵循趣味性、竞争性、开拓性的原则。如上面我所提到的"让学生自己动手设计由 $y = \sin x$ 的图像变化到 $y = A\sin(\omega x + \varphi)$ 的图像的步骤"就具有一定的趣味性。又如我在教授" $y = A\sin(\omega x + \varphi)$ 的周期"时，设计了一组练习，并把学生分成 6 个小组，看哪个小组能最快地求出它们的周期、找出它们的规律，归纳出求函数 $y = A\sin(\omega x + \varphi)$ 的周期的公式，这就具有一定的竞争性。再如在教授"函数 $y = \tan x$ 的图像与性质"时，由于新教材中没有提到"函数 $y = \cot x$ 的图像"，因此在得出函数 $y = \tan x$ 的图像后，我设计了"怎样画出函数 $y = \cot x$ 的图像？"的问题，这就具有一定的开拓性。

七、探讨

开放性教学是一种新兴的教学法，在实施的过程中难免遇到一些问题，比如有时参与讨论的学生只局限于几个学习成绩较好的，怎样才能使差生积极地投入课堂讨论中来？这个问题还有待各位同行的指点。

课题"基于问题探究的山区高中数学教学模式研究"的开题报告

广东省云浮市邓发纪念中学 林朝冰

一、本课题的选择是基于以下的一些主要因素

（1）学生的提出问题和解决问题的能力，是世界各国课程标准中学科核心价值之一，我国《新课程标准》指出："学生的数学学习活动不应只限于接受、记忆、模仿和练习，高中数学课程还应倡导自主探索、动手实践、合作交流、阅读自学等学习数学的方式""应培养学生问题意识、应用意识、创新意识，积累学生活动经验，提高学生解决现实问题能力。"

（2）大众创新、万众创新已经成了国家发展的需要，培养具有较强解决问题能力的创新人才成为时代发展的要求，善于提出问题、分析问题、解决问题已成为一种重要的数学素养。

（3）《新课程标准》实施以来，不少教师对《新课程标准》把握不到位，存在着"新教材老要求、新要求老套路"等问题，课堂教学中，教师讲得多，包办的多，存在"满堂灌"或"满堂问"现象；把教学混同于学科习题的机械训练和简单强化，"表面上像探究，实际上是讲解"，大部分学生还处于被动接受的地位，思考力水平达不到新课标要求。

（4）课题组进行的问卷调查结果显示，对数学学习兴趣"一般"的约占40%；"没兴趣"的约占8%；喜欢"讲授式和启发式相结合"的约占60%. 可见，我们亟待探索一种新的适合我校学情的教学方式。

基于以上4点，我们认为有必要改变陈旧教学模式，探索一种有利于培养和提高学生提出问题和解决问题的能力的教学模式。基于问题探究的教学模式

是指在教师指导下学生运用科学探究的方法进行问题分析和探究，主动获取知识、发展能力的教学模式。它与探究式教学既有联系又有区别，探究式教学所提出的问题往往比较大，花的时间比较多，对学生的能力要求比较高。基于问题探究的教学模式则是一种以问题为中心和以学生为中心的学习方式，即以提出问题、分析问题和解决问题为线索，并把这一线索始终贯穿整个课堂教学过程中，它提出的问题可大可小，对时间、学生能力的要求相对低一些。因此，基于问题探究的教学模式正是我们要寻找的新教学模式。然而，云浮是欠发达的山区，它与发达地区之间在各方面都存在着很大的差距。照搬他人的模式必然水土不服！所以我们希望找到能适应山区教育、教学水平和学生特点的基于问题探究的数学教学模式，提高山区高中数学教学质量和水平。因此，我们选择了《基于问题探究的山区高中数学教学模式研究》这个课题。

二、研究内容

本课题主要研究以下几个内容：

（1）学生学习数学的兴趣和数学学习过程的现状研究。调查分析我校高中生学习数学的兴趣、对数学知识的掌握程度、对课堂教学方式的兴趣程度以及课后在数学学习上所花的时间长短等情况，形成调查报告。

（2）构建基于问题探究的山区高中数学教学模式的价值研究。研究构建新教学模式的价值和意义。

（3）探索并尝试构建一套基于问题探究的适应本校学情的教学模式。研究新构建的数学教学模式的具体实施步骤，以及各个步骤的实施策略。

（4）探索"问题情境"的创设策略，包括问题的合理性、科学性，难度、梯度等。

（5）探索"自主探究学习"的指导策略。

（6）探索小组合作学习条件下，学生情感、态度、价值观的培养。

三、研究方法

本课题具有很强的现实性和实践性，主要采取了调查法、行动研究法等研究方法进行研究。既要学习教与学的理论，更注重实践行动的落实，整合学校内外资源及互联网的方便快捷作用，科学组织，紧密结合自身实际，通过实证分析和理性思考，边研究边总结，以取得研究的最大效益。

（1）调查研究：对邓发纪念中学高中生数学学习状况及教师教学模式学生满意度等进行调查研究，把握课题研究的起点和基础，加强研究的现实性和针对性。

（2）资料收集：收集与本课题相关的教育教学理论、教学资料、信息等，为课题研究进行理论构建。组织课题成员认真学习，并密切关注教改动向。

（3）个案研究：对某一教师以及他所教的班级进行有计划的跟踪研究，收集、整理个案资料，进行分析和归纳总结，并用这些资料辅助课题研究。

（4）行动研究：通过交流学习，探索研究，实践操作，总结反思，再实践，再反思，形成结论这七个步骤进行。

四、组织与分工

本课题组将成员以年级备课组为单位分为3个小组，备课组长为课题小组的小组长，各小组围绕课题研究的目标和内容结合本年级的教学内容进行研究，定期举行课题组研究交流会，由各小组汇报研究进展、成果、困惑及反思，再进行集体讨论和交流，寻求解决方案，制订后期研究计划。

各课题小组既有分工又有合作，做到每一个课题成员都要明确分工和职责，同时又要共同协作，齐心协力完成各项工作。具体分工如下：

（1）林朝冰：组织课题成员进行理论学习和讨论，组织课题成员参加各种讲座及到名校学习交流等，组织定期举行的课题研讨会，统筹课题各项工作等。

（2）汪宏亮：组长，课题策划和组织实施。负责课题研究计划，实践课内容挑选，组织本小组成员进行实践课集体备课等。

（3）廖克锋：副组长，课题策划和组织实施。负责实践课内容挑选，组织本小组成员进行实践课集体备课等。

（4）朱铉、王虹、丁胜锋：课题研究和实施。负责问卷调查的内容拟定、实施和总结分析工作，进行实践课实施等。

（5）黄月锋、黎梅莲：负责资料收集和整理。

（6）黄钊海、陈有荣、黄梅娟、梁永志：负责课题实施。

（7）所有成员每个学期必须进行一到两次公开课活动，对教学模式进行探究和反思，并必须参加所有成员的公开课的听课和评课活动，并积极参与讨论。

（8）所有成员都必须对研究的心得反思进行总结和提炼，并至少写一篇与课题有关的论文。

五、计划与进度

本课题准备利用两年的时间来完成研究，具体实施步骤分为三个阶段。

1. 准备阶段（2014 年 11 月—2015 年 4 月）

（1）成立课题组，明确课题组成员的具体分工，确定研究目标和实施步骤，组织课题申报。

（2）收集相关文献资料，了解国内外基于问题探究的教学模式在高中数学教学中的应用情况和发展态势。

（3）文献整理与分析，通过对相关文献资料的整理、分析与比较，探究基于问题探究的教学模式下的山区高中数学教学方式变革的途径和方法。

2. 实施阶段（2015 年 5 月—2017 年 3 月）

（1）通过调研了解当前山区中学的教育现状，并对高中数学教学模式进行深入研究。

（2）由课题组成员根据"基于问题探究的山区高中数学教学模式"的要求，进行教学设计和实施。并通过教学实验了解此教学模式的重点和难点，对此教学模式的各环节，从启发性、目的性、难度、梯度以及评价方式等方面进行探究，针对问题，提出"基于问题探究的山区高中数学教学模式"与传统数学教学方式的比较研究报告。

（3）探究适合山区学生特点的"基于问题探究的山区高中数学教学模式"，形成探究报告。

3. 总结阶段（2017 年 3 月—2017 年 7 月）

结合我校实际情况，探究出一套"基于问题探究的山区高中数学教学模式"具体做法，并进行可行性研究。

在以上研究的基础上，形成"基于问题探究的山区高中数学教学模式"研究报告。

六、经费分配

图书资料费：0.1 万元。

调研差旅费：0.3 万元。

购置文具费：0.1 万元。

小型会议费：0.3 万元。

咨询费：0.2 万元。

印刷费：0.1 万元。

复印费：0.1 万元。

成果打印费：0.3 万元。

七、预期成果

（1）通过本课题的研究，结合我校实际情况，构建一套基于问题探究的，在课堂有限的时间内实现有效探究的数学教学模式，特别是能适应山区教育、教学水平和学生特点的数学教学模式，提高山区高中数学教学质量和水平。

（2）对构建出的这一套数学教学模式进行可行性研究，形成具体程序。

（3）生成"基于问题探究的山区高中数学教学模式"的研究报告、论文、课例、教学反思等。

广东省教育科研"十二五"规划项目

课题"基于问题探究的山区高中数学教学模式研究"的结题报告

广东省云浮市邓发纪念中学　林朝冰

课题"基于问题探究的山区高中数学教学模式研究"于 2015 年 4 月被广东省教育厅科研处批准为广东省教育科研"十二五"规划项目（批准号：2014YQJK200），课题组在 2015 年 5 月举行了课题开题仪式，全面启动了课题的研究工作。自立项以来，近 3 年来课题组的老师们在不耽误正常教学工作的前提下，利用业余时间认真学习各种相关理论，并在实践中不断探索，大胆创新，结合日常教学开展了形式多样的教学实践活动，初步构建了一套基于问题探究的、适合我校学生特点的数学教学模式，形成了以汪宏亮老师为代表的"小组合作学习教学法"和以林朝冰老师为代表的"启疑—生疑—研疑三段式教学法"的教学模式，学生的数学学习兴趣和数学成绩明显提高，课题组认为该课题已达到预期目的。

一、研究背景及意义

（一）研究背景

本课题的选择是基于以下的一些主要因素：

（1）学生的提出问题和解决问题的能力，是世界各国课程标准中学科核心价值之一，我国《新课程标准》指出："学生的数学学习活动不应只限于接受、记忆、模仿和练习，高中数学课程还应倡导自主探索、动手实践、合作交流、阅读自学等学习数学的方式""应培养学生问题意识、应用意识、创新意识，

积累学生活动经验，提高学生解决现实问题能力。"

（2）大众创新、万众创新已经成了国家发展的需要，培养具有较强解决问题能力的创新人才成为时代发展的要求，善于提出问题、分析问题、解决问题已成为一种重要的数学素养。新课程实施以来，特别是《新课程标准》颁布以来，由于新教材留给老师的空间很大，不少老师对新的高中数学教学要求的把握，以及在课堂中有效地落实好教学目标和要求还存在着"新教材老要求、新要求老套路"等问题，这些严重影响了课堂教学有效度的达成。

（3）课堂教学中，教师讲得多，包办的多，许多本该达到解释水平的课，不少教师将此下降为记忆水平，"满堂灌"或"满堂问"；把教学混同于学科习题的机械训练和简单强化，"表面上像探究，实际上是讲解"，大部分学生还处于被动接受的地位，思考力水平达不到新课标要求。不少老师对一些主要课型的教学策略和教学模式还停留在原有教学理念和教学要求的层面上。

（4）课堂教学的预设与课堂动态生成性调控脱节，课堂学习质量和效益偏低。

基于以上4点，我们认为有必要改变陈旧的教学模式，探索一种有利于培养和提高学生提出问题和解决问题的能力的教学模式。"基于问题探究的教学模式"是指在教师指导下学生运用科学探究的方法进行问题分析和探究，主动获取知识、发展能力的教学模式。它与探究式教学既有联系又有区别，探究式教学所提出的问题往往比较大，花的时间比较多，对学生的能力要求比较高。"基于问题探究的教学模式"则是一种以问题为中心和以学生为中心的学习方式，即以提出问题、分析问题和解决问题为线索，并把这一线索始终贯穿整个课堂教学过程中，它提出的问题可大可小，对时间、学生能力的要求相对低一些。因此，"基于问题探究的教学模式"正是我们要寻找的新教学模式。然而，云浮是欠发达的山区，它与发达地区之间在各方面都存在着很大的差距。照搬他人的模式必然水土不服！所以我们希望找到能适应山区教育、教学水平和学生特点的"基于问题探究的数学教学模式"，从而弥补我们先天的不足，提高山区高中数学教学质量和水平。因此，我们选择了《基于问题探究的山区高中数学教学模式研究》这个课题。

（二）研究内容

本课题主要研究以下几个内容：

（1）学生学习数学的兴趣和数学学习过程的现状研究。调查分析我校高中生学习数学的兴趣、对数学知识的掌握程度、对课堂教学方式的兴趣程度以及课后在数学学习上所花的时间长短等情况，形成调查报告。

（2）构建基于问题探究的山区高中数学教学模式的价值研究。研究构建新教学模式的价值和意义。

（3）探索并尝试构建一套基于问题探究的适应本校学情的教学模式。研究新构建的数学教学模式的具体实施步骤，以及各个步骤的实施策略。

（4）探索"问题情境"的创设策略，包括问题的合理性、科学性，难度、梯度等。

（5）探索"自主探究学习"的指导策略。

（6）探索小组合作学习条件下，学生情感、态度、价值观的培养。

（三）研究方法

本课题具有很强的现实性和实践性，主要采取了调查研究法、资料收集法、个案研究法、实验研究法、行动研究法、文献研究法和经验总结法等研究方法进行研究。既要学习教与学的理论，更注重实践行动的落实，整合学校内外资源及互联网的方便快捷作用，科学组织，紧密结合自身实际，通过实证分析和理性思考，边研究边总结，以取得研究的最大效益。

1. 调查研究法

对邓发纪念中学高中生数学学习状况及教师教学模式学生满意度等进行调查研究，把握课题研究的起点和基础，加强研究的现实性和针对性。

2. 资料收集法

收集与本课题相关的教育教学理论、教学资料、信息等，为课题研究进行理论构建。组织课题成员认真学习，并密切关注教改动向。

3. 个案研究法

对某一教师以及他所教的班级进行有计划的跟踪研究，收集、整理个案资料，进行分析和归纳总结，并用这些资料辅助课题研究。

4. 实验研究法

对构建的教学模式进行实践，通过示范课、听课、评课等环节，对构建的教学模式不断改进和完善。

5. 行动研究法

通过交流学习、探索研究、实践操作、总结反思、再实践、再反思、形成结论这七个步骤进行。

6. 文献研究法和经验总结法

做好相关资料的收集、整理和分析工作并及时做好经验的总结工作。

（四）预期成果

（1）通过本课题的研究，结合我校实际情况，构建一套基于问题探究的，在课堂有限的时间内实现有效探究的数学教学模式，特别是能适应山区教育、教学水平和学生特点的数学教学模式，从而弥补我校学生的先天不足，提高山区高中数学教学质量和水平。

（2）对构建出的这一套数学教学模式进行可行性研究，形成具体程序。

（3）生成"基于问题探究的山区高中数学教学模式"的研究报告、论文、课例、教学反思等。

（五）课题研究的步骤

本课题准备利用两年的时间来完成研究，具体实施步骤分为三个阶段。

1. 准备阶段（2014 年 11 月—2015 年 4 月）

（1）成立课题组，明确课题组成员的具体分工，确定研究目标和实施步骤，组织课题申报。

（2）收集相关文献资料，了解国内外"基于问题探究的教学模式"在高中数学教学中的应用情况和发展态势。

（3）文献整理与分析，通过对相关文献资料的整理、分析与比较，探究"基于问题探究的教学模式"下的山区高中数学教学方式变革的途径和方法。

2. 实施阶段（2015 年 5 月—2017 年 3 月）

（1）通过调研了解当前山区中学的教育现状，并对高中数学教学模式进行深入研究。

（2）由课题组成员根据"基于问题探究的山区高中数学教学模式"的要求，进行教学设计和实施。并通过教学实验了解此教学模式的重点和难点，对此教学模式的各环节，从启发性、目的性、难度、梯度以及评价方式等方面进行探究，针对问题，提出"基于问题探究的山区高中数学教学模式"与传统数学教学方式的比较研究报告。

（3）探究适合山区学生特点的"基于问题探究的山区高中数学教学模式"，形成探究报告。

3. 总结阶段（2017 年 3 月—2017 年 7 月）

结合我校实际情况，探究出一套"基于问题探究的山区高中数学教学模式"具体做法，并进行可行性研究。

在以上研究的基础上，形成"基于问题探究的山区高中数学教学模式"研究报告。

二、课题研究过程及成果概述

近三年来，在"林朝冰名师工作室"指导下，在华南师范大学数学科学院刘秀湘教授等专家点拨下，课题组采取了切实可行的措施，使课题研究按照预定的计划有条不紊地进行，课题组成员克服学校工作多、教学任务繁重的困难，把课题研究和日常教学有机结合起来。

（一）取得的主要成果

（1）通过"邓发纪念中学高中生数学学习现状调查"掌握了学生数学学习目标、方式、兴趣、困难及需要的第一手数据资料，形成了调查报告。

（2）构建了一套基于问题探究的、适合我校学生特点的数学教学模式。形成了以汪宏亮老师为代表的"小组合作自主探究教学法"和以林朝冰老师为代表的"启疑—生疑—研疑三段式教学法"的教学模式。

以汪宏亮老师为代表的"小组合作自主探究教学法"是针对实验班实施的，是以建立一个"共同学习，共同成长，共同体验"的综合学习小组为载体的教学法，学生的学习小组不仅仅是数学学习小组同时也是所有学科的学习小组，还是思想、生活上的互助小组！使合作学习、相互促进常态化。这是一种创新的小组合作学习教学模式，也是适应本校学情，适应山区教育、教学水平和学生特点的教学模式。

以林朝冰老师为代表的"启疑—生疑—研疑三段式教学法"是针对普通班实施的，是指教师科学地、不留痕迹地创设出有价值的情境，启发学生产生问题，并引导学生以疑生疑、研疑答疑的教学模式。通过启疑的过程，让学生成为主动的知识构建者，教师则起着引导与助推的作用；通过以疑生疑，让问题贯穿整个课堂，并让学生带着问题走向课外，让课外成为课堂的一部分；通过研疑答疑的过程，使学生的自主探研精神得到充分的发挥，学生不再是学习者，而是研究者；这也是一种适应本校学情，适应山区教育、教学水平和学生特点的教学模式。

（3）课题组成员的理论水平和教研能力得到显著提高，撰写了大量优秀论文。

（二）课题组主要做了以下工作

（1）进行邓发纪念中学高中生数学学习现状调查；通过调查掌握了学生数学学习目标、方式、兴趣、困难及需要的第一手数据资料，形成了调查报告。

（2）利用"华南师范大学提升邓发纪念中学教学水平合作项目"，聘请专家到我校进行专题讲座，在华南师范大学数学科学院专家组的穿针引线下，与华师附中、广雅中学等省内重点中学进行时教法探究和教学试验，拓宽教学视野。通过与华师附中、广雅中学、佛山一中、东华高级中学等名校交流学习，丰富了我校高中数学教学的内容和途径、方式与方法，大大提高了课题组教师的教学水平，从而提高了学生的数学学习能力。

（3）参加市教育局组织的章建跃《数学知识转化为数学能力》专题报告、陶维林《直线与圆教学》示范课、毛彬湖《认真领悟课标理念搞好高考数学总复习教学》专题报告、张清献《洛阳市高三数学复习备考情况介绍》专题报告及曾辛金《广州一模分析》、彭海燕《佛山一模分析》专题报告，使课题组成员在教学理念、教学方法和课堂教学效果上有了显著提升。

（4）请市教研室数学教研员胡明辉老师作题为《谈数学教师专业发展》的专题报告，使课题组成员在教研方向、教研方法和课题研究等方面的能力得到显著提升。

（5）利用"华南师范大学提升邓发纪念中学教学水平合作项目"的有利机会，先后请到华南师范大学数学科学院刘秀湘教授、何小亚教授、谢明初教授，广州教育研究院曾辛金科长，东莞高级中学赵银仓科长等专家到我校讲学，使课题组成员在课题开展、职业发展、教法改进等各个方面有了显著提升。在"华南师范大学提升邓发纪念中学教学水平项目"活动中，汪宏亮老师的数学示范课——小组合作学习《高考解析几何》得到了华南师范大学数学科学院刘秀湘教授的肯定和好评。

（6）利用全市各类"数学教研会"在我校召开以及"佛山一中对口扶持邓发纪念中学项目"，与本市重点中学教师及佛山一中教师进行交流、探讨和课堂教学试验。利用一年一度佛山一中、广雅中学、邓发纪念中学同课异构交流活动及学校开放周交流活动，将构建出的教学模式向专家、同行进行展示，找出自身教学与优秀教师课堂教学的差距，在比较中发现自身的不足，明确改进提高的方向。在我校与佛山一中、广雅中学共同进行的同课异构交流活动中课题组丁胜锋老师的示范课《函数的零点》、王虹老师的示范课《双曲线的定义及其标准方程》都被评为优秀课例。在我校与广州天河区天河中学进行的同课异构交流活动中课题组廖克锋老师的示范课《等差数列前 n 项和》获得了华南师范大学数学科学院刘秀湘教授的好评。

（7）通过不断的"探索—构建—实践—反思—修改—再实践—再反思—再修改"，构建了一套基于问题探究的、适合我校学生特点的数学教学模式。形成了以汪宏亮老师为代表的"小组合作自主探究教学法"和以林朝冰老师为代表的"启疑—生疑—研疑三段式教学法"的教学模式。

（8）建立了教学模式比较反馈机制，即"教学实践→观摩学习→对比反思→改善提高"。课题组定期进行集体备课，每个课题组成员都要上公开课，课后观摩优秀老师的课堂实录，再进行集体评课，通过比较反思，明确改进方向，进而完善提高。同时在林朝冰数学名师工作室的指导下，在课题组内举办了自主探究学习指导策略、小组合作学习实施方略、微课制作竞赛、大数据应用于科学测试等讨论与活动，拓宽课题视角及丰富课题内容。

（9）利用我校"学科节数学周"系列活动，通过开讲座、搞数学活动等方式，培养学生兴趣、提升学生提出数学问题的质量；活动中，课题组成员汪宏亮老师举办了题为"数学学习方法"的讲座，廖克锋老师组织了"高中数学学习手抄报"活动，丁胜锋老师组织了"高二数学竞赛"等，形式多样、内容丰富，拓宽学生数学视野，培养学生学习兴趣。

（10）加强总结、提炼和升华，在课题组指引下，课题组成员撰写了大量优秀论文：主持人林朝冰的论文《山区学校高中数学"启疑—生疑—研疑"三段式教学法初探》《层层质疑，彰显数学学科的育人价值》在省级刊物《课程教育研究》上发表；王虹老师的论文《山区高中数学在新课改下教学中的问题分析》在《中学生导报教学研究》上发表；朱铉老师的论文《剖析"数形结合思想"在数学高考中的考查》在"云浮市优秀论文交流会"上获特等奖并被推荐代表云浮市参加"广东省中学数学优秀论文评选"；汪宏亮老师的论文《小组合作学习，层层突破难点》、黄梅娟老师的论文《以"问题串"驱动，让学生体验概念的形成过程》在"云浮市优秀论文交流会"上获一等奖；汪宏亮老师的论文《2016 新课标全国卷分析》在云浮市城区高考备考会上交流、汪宏亮老师的论文《新课标全国卷数列、立体几何备考》在云浮市高三数学教师培训会上做专题报告，应学校要求课题组汪宏亮老师向学校教务处提交了《尖子生培养的建议》。

三、对成果的自我评价和已经了解到的社会反映

（1）根据我校学生学习情况，成功构建了一套基于问题探究的、适合我校学生特点的数学教学模式。形成了以汪宏亮老师为代表的"小组合作自主探究教学法"和以林朝冰老师为代表的"启疑—生疑—研疑三段式教学法"的教学模式。

（2）成功地将这两种教学模式推广到全校，使我校数学课堂都成了"问题"课堂和探究课堂，学生学习数学的兴趣有较大提高，数学成绩稳步提升。

（3）我们所构建的教学模式，在我校与佛山一中、广雅中学共同进行的同课异构交流活动中以及在我校与广州天河区天河中学共同进行的同课异构交流活动中，都获得了评审专家和华南师范大学数学科学院刘秀湘教授的认可和好评。课题组丁胜锋老师的示范课《函数的零点》、王虹老师的示范课《双曲线的定义及其标准方程》、廖克锋老师的示范课《等差数列前 n 项和》都被评为优秀课例。

在"华南师范大学提升邓发纪念中学教学水平项目"活动中，汪宏亮老师的数学示范课——小组合作学习《高考解析几何》得到了华南师范大学数学科学院刘秀湘教授的肯定和好评。

（4）我们积极、认真做好课题的推广工作，2016 年 10 月我校与云安区茶洞中学结成帮扶对子，课题组多次到茶洞中学上课、交流，共同探讨，把我们所构建的教学模式推广到茶洞中学，并进行了改善。

（5）我们撰写了工作总结和研究报告，编印了成果集。

（6）课题组成员获得了不少荣誉。

① 主持人林朝冰被评为"云浮市优秀教师"、成为"国家骨干教师培养对象""云浮市中小学名师工作室"主持人。

② 汪宏亮成为"广东省名班主任工作室"主持人、"云浮市高中数学学科带头人""2016 年高考文（17）题评卷副组长"，多次被评为邓发纪念中学"优秀班主任""优秀教师"。在 2016 年云浮市城区高考备考会议上做《近三年全国高考数学卷分析》专题报告，在 2017 年云浮市高三教师培训会议上做《数列和立体几何备考策略》专题报告。

③ 黄梅娟成为"广东省中小学骨干教师培养对象"，多次被评为邓发纪念中学"优秀教师"。

④ 丁胜锋、朱铉、王虹、廖克锋多次被评为邓发纪念中学"优秀教师""优秀班主任"。

（7）课题组成员的论文质量有所提高，课题组共有论文 18 篇，其中发表或获奖的论文有：

① 林朝冰共撰写论文 3 篇，发表论文 2 篇，分别为《山区学校高中数学"启疑—生疑—研疑"三段式教学法初探》和《层层质疑，彰显数学学科的育人价值》。

② 王虹共撰写论文 2 篇，1 篇发表，1 篇获奖。《山区高中数学在新课改下教学中的问题分析》在《中学生导报教学研究》上发表，《解析 2013 年高考中的导数问题》在"云浮市优秀论文交流会"上获一等奖。

③ 朱铉共撰写论文 2 篇，1 篇获奖。《剖析"数形结合思想"在数学高考中的考查》在"云浮市优秀论文交流会"上获特等奖。

④ 汪宏亮共撰写论文 5 篇，1 篇获奖。论文《小组合作学习，层层突破难点》在"云浮市优秀论文交流会"上获一等奖。

⑤ 黄梅娟共撰写论文 2 篇，1 篇获奖。《以"问题串"驱动，让学生体验概念的形成过程》在"云浮市优秀论文交流会"上获一等奖。

综上所述，我们认为，我们做课题是扎实的，通过课题研究，参与课题的老师在理论水平、教学技能、科研能力等方面都有了长足的进步和提升。在我们的课题成果中，成功地构建了基于问题探究的、适合我校学生特点的数学教学模式并推广到了乡镇中学，涌现出了名师、学科带头人，论文质量高。因而，成果是丰硕的，成效是显著的。

四、今后的设想和努力方向

近三年的课题研究下来，基本完成了预定的研究任务，同时也给我带来了新的思考：

（1）在课题研究中，我们深感自身的理论素养不够，尽管尽力努力，但在理论深度、宏观把握、系统高度方面还是存在缺陷，科学性有待提高，觉得要学的太多了。

（2）传统教学模式在施教者心中已经根深蒂固，部分教师对"基于问题探究的新教学模式"认同程度不一，导致新教学模式推广受到影响。

基于以上两点，在今后的工作中，我们还要加强学习，努力提高自己的理

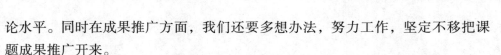

论水平。同时在成果推广方面，我们还要多想办法，努力工作，坚定不移把课题成果推广开来。

今后，我们将继续申请更多的课题，努力使自己成为既能上好课，又能搞科研的优秀教师，成为科研型的名师，乃至成为教育教学专家。

课题 "新高考模式下山区学校高中数学教学策略研究" 的项目论证

广东省云浮市邓发纪念中学　林朝冰

一、研究意义（研究背景、学术价值、应用价值）

2014 年 9 月《国务院关于深化考试招生制度改革的实施意见》颁布，启动了新一轮高考改革；2017 年上海和浙江正式实施第一届新高考，广东省 2018 年秋季入学的高一新生也将实行新高考改革。

新高考改革是在我国改革开放取得巨大成就、中国特色社会主义进入新时代、全面建成小康社会进入决胜阶段、中华民族伟大复兴展现出更加光明的前景的关键时刻启动的具有伟大历史意义的教育革命。它是深化教育改革，全面推进素质教育的需要，是落实立德树人根本任务和培养学生核心素养的重要手段。

新高考必将对高中日常教学活动产生深远影响，对高中数学教学的影响尤为明显，主要体现在以下三个方面：

1. 文理不分科

新高考采取文理不分科的考查模式，在新高考模式下，教学内容、能力要求、教学重点、教学思路都将发生改变。

2. 高考考查目标的改变

新高考将从能力立意转向素养导向。"能力立意强调知识、智力、能力和技能的考查，题目的特点是追求知识覆盖力求全面，题目结构完整，目标指向明确，要求有一定的反应速度。素养导向不但强调知识和智力，更强调知识的迁移和后天的习得。题目的特点是不追求题目结构完整，追求目标指向开放，要求临场思考发挥，目的在于更清晰、准确地考查学生的智力水平、思考深度、思维习惯和科学态度。"① 这一改变将对高中数学教学策略产生深远影响。

3. 走班制

新高考改革的一个目的就是充分尊重并切实回应全社会对教育公平的高度关切，坚定保障教育公平的改革方向，在这一大背景下，走班制成为了必然。走班制的分班策略、教学内容分配、教学策略等都值得研究。

云浮是欠发达的山区，在新高考模式下，山区学校面临以下挑战，一是师资、课室等教学资源不足；二是学生的视野窄，阅读量明显不足，阅读理解能力低；三是学生的数学基础差，不会也不敢提出和参与数学探究。

因而，研究新高考模式下山区学校高中数学教学策略是非常有必要的。其一，它对山区学校在高中数学教学中如何落实核心素养具有重要的指导意义；其二，它为山区学校在新高考模式下的高中数学教学提出策略性方案。

二、本项目的研究现状

国内对新高考模式下高中数学教学策略有一些研究，但大都局限于新高考模式下如何进行高三复习、如何实现有效课堂等，而就新高考模式下，特别是针对文理不分科、从能力立意转向素养导向以及走班制等教学模式和高考测评方式改变的应对策略的研究很少，针对欠发达山区教学现状的新高考模式下高中数学教学策略研究还没有。

三、本项目的总体框架和基本内容，拟达到的目标（分年度目标及总体目标）

本课题准备利用两年半的时间来完成研究，具体实施步骤分为三个阶段。

1. 准备阶段（2018 年 9 月—2018 年 12 月）

成立课题组，明确课题组成员的具体分工，确定研究目标和实施步骤，组织课题申报。

2. 实施阶段（2019 年 1 月—2020 年 6 月）

通过理论学习，深刻体会新高考模式的形式、目的、命题思想以及新课标的要求等。通过调研了解当前山区中学的教育现状，并对新高考模式下高中数

---

① 任子朝. 从能力立意到素养导向 [J]. 中学数学教学参考，2018（13）.

学教学模式进行深入研究和实践，提出新高考模式下高中数学教学的具体策略，以及相应的教学模式。

3. **总结和推广阶段**（2020 年 7 月—2020 年 12 月）

完善提出的新高考模式下高中数学教学的具体策略及相应的教学模式，并将此策略及相应的教学模式在本校及周边区县学校进行推广和实践，在推广和实践中不断反思和完善，形成论文、课例或研究报告。

四、拟突破的重点、拟解决的关键问题及主要创新之处

在新高考从能力立意转向素养导向的新常态下，高中数学教学也应做出相应的改变。国家考试院任子朝指出："从能力立意到素养导向的转变，突出表现为考查目的从关注知识到关注人；考核目标从常规性的问题解决技能到创造性的探究能力；考查情境从学科知识化到真实情境化；试题条件从结构良好到结构不良；试题要素从单一因素到复合因素；试题结构从碎片到整体。"

素养导向的高考命题重视学科观念、规律的考查，考查学生扎实的学科基础，引导他们去形成思维中的惯性观念，并且能够合理地进行转化，将这些学科知识作为素养养成和发展的融和先决的条件。

素养导向的高考命题注重科学思维的考查，要求学生以严谨的科学思维、严肃的科学态度去思考每一个实际问题。科学思维是对客观的事物本质的属性以及潜在的规律和相互之间的关系的一种认知方式，这种方式必须建立在实际的事实之上去建构相应的模型，从而理解抽象化的概念，并且通过合理的推理与客观的经验来培养质疑精神，以此来形成创新性的思维方式和道德品质。

素养导向的高考命题注重科学探究能力的考查。研究开发探究型、开放型试题，发挥各种题型的组合功能，拓展考生思维空间。创设新的情境，变换设问角度和知识的组合方式，考查科学探究能力。提供新的信息，考查学生获取信息、加工信息的能力。从学生已有的知识结构出发，推陈出新，考查学生的创新能力，形成合作创新的学习意识。

素养导向的高考命题注重情境化试题的考查。情境活动指能够表现出学生学科素养的情境活动，是学科素养的载体，情境包括现实的生活实践情境活动与学术探究情境活动。在考查过程要理论结合实践，特别是结合生产、生活实际设计试题，采用源于社会、源于生活的真实的情境，考查学生分析和解决具有实际意义的问题的能力。所以基于核心素养的高考命题更加注重学生实际的

解决问题能力，要求学生运用生活化的实际场景，并且依靠科学的方法、科学的态度进行推理，进而得到最终的答案。将学生的解题转变为解决问题，将做题转变为做人、做事。"① 因而，核心素养背景下的新高考将面临以下几个问题：

（1）如何在学科基础知识的教学过程中养成和发展学生的学科素养。

（2）如何养成和发展学生的数学抽象素养和数学建模素养。

（3）如何养成和发展学生的数据处理素养。

（4）高中数学如何进行情境教学。

基于以上原因，本课题拟解决的问题有以下四点：

（1）山区学校高中数学如何在学科基础知识的教学过程中养成和发展学生的学科素养。

（2）山区学校高中数学如何养成和发展学生的数学抽象素养和数学建模素养。

（3）山区学校高中数学如何养成和发展学生的数据处理素养。

（4）山区学校高中数学如何进行情境教学。

五、本项目的研究方法和研究手段、研究计划

本课题主要采取了调查法、文献研究法和行动研究法等研究方法进行研究。

（1）调查研究：通过问卷调查，对云浮市高中生数学学习状况进行调查研究，把握课题研究的起点和基础，加强研究的现实性和针对性。

（2）文献研究和资料收集：通过收集与本课题相关的教育教学理论、教学资料、信息等，了解本课题相关研究的程度及动态。

（3）个案研究：选定三到五个成员，对他们所教的班级进行有计划的跟踪研究，收集、整理个案资料，进行分析和归纳总结，并用这些资料辅助课题研究。

（4）行动研究：通过交流学习，探索研究，实践操作，总结反思，再实践，再反思，形成结论这七个步骤进行。

---

① 任子朝. 从能力立意到素养导向 ［J］. 中学数学教学参考，2018（13）.

六、负责人前期研究基础

本课题负责人林朝冰，中学数学高级教师，广东省名教师工作室主持人，云浮市优秀教师。2013 年参加了课题《网络环境下"五步问题教学法"实践研究》并成功结题，2014 年主持了广东省教育科学"十二五"规划项目课题《基于问题探究的山区高中数学教学模式研究》，课题于 2017 年 10 月成功结题。

在课题《基于问题探究的山区高中数学教学模式研究》的研究过程中，构建了一套基于问题探究的、适合我校学生特点的数学教学模式。形成了"启疑—生疑—研疑三段式教学法"的教学模式并推广到全校及周边区县学校，使我校及周边区县学校的数学课堂都成了"问题"课堂和探究课堂，学生学习数学的兴趣有较大提高，数学成绩稳步提升。

课题组前期已收集了以下资料：

（1）《国务院关于深化考试招生制度改革的实施意见》2014 年。

（2）《广东省关于深化考试招生制度改革的实施意见》2016 年。

（3）《普通高中课程方案和语文等学科课程标准（2017 年版）》及其相关解读资料。

（4）"核心素养"及其相关解读资料。

本课题准备利用两年半（2018 年 9 月—2020 年 12 月）的时间来完成研究。依托"广东省林朝冰名教师工作室"，工作室由一名高校导师、一名教研员、一名技术员和两名助手组成，其中包括华南师范大学数学科学学院教授、博士生导师、副院长、博士刘秀湘教授，特级教师、南粤优秀教师、云浮市教研室数学教研员胡明辉老师等。另外工作室还有学员 10 名，他们都是云浮市各重点高中的数学省级骨干教师。所以在时间、人员、专家引领和资料收集等各方面都为课题研究提供了坚实的保障。

"基于'启疑—生疑—研疑'三段式教学法的单调性与最大（小）值"教学设计

广东省云浮市邓发纪念中学　　林朝冰

一、整体设计

1. 教学内容的分析

本节内容是在学习了函数的概念以及函数的表示方法之后学习的，学生在初中已经学过一次函数、反比例函数、正比例函数、二次函数，了解了这些函数的概念和图像。函数的单调性是函数学习中第一个用数学符号语言刻画的概念，为进一步学习函数其他性质提供了方法依据，本内容分为两个课时。

对于函数单调性，学生的现有认知结构中只能根据函数的图像观察出"随着自变量的增大函数值增大"等变化趋势，因而学生的认知困难主要在两个方面：（1）要求用准确的数学符号语言去刻画图像的上升与下降，这种由形到数的翻译，从直观到抽象的转变对高一的学生是比较困难的；（2）单调性的证明是学生在函数内容中首次接触到的代数论证内容，而学生在代数方面的推理论证能力是比较薄弱的。根据以上的分析和教学大纲的要求，确定了本节课的重点和难点。

2. 教学目标的确定

能力目标：

能理解函数单调性的概念，并能判断一些简单函数在给定区间上的单调性；能够发现问题、提出问题，通过观察—猜想—推理—证明，培养学生的数学抽象和逻辑推理能力。

核心素养目标：

根据本课教材的特点、教学大纲对本节课的教学要求以及学生的认知水平，从两个不同的方面确定核心素养达成目标：

（1）通过体验单调性概念的形成过程初步培养学生数学直观、数学建模和数学抽象的方法和能力，通过对概念本质的认识进一步培养学生数学抽象的核心素养；

（2）在教学过程中强调判断、证明函数单调性的方法的落实以及数形结合思想的渗透；突出语言表达能力、推理论证能力的培养和良好思维习惯的养成，从而达到培养学生逻辑推理核心素养的目的。

3. **教学方法和教学手段的选择**

本节课是函数单调性的起始课，采用"启疑—生疑—研疑"三段式教学法，教师启发讲授，学生探究学习的教学方法，通过创设情境，引导探究，师生交流，最终形成概念，获得方法。本节课使用了多媒体投影和计算机来辅助教学，目的是充分发挥其快捷、生动、形象的特点，为学生提供直观感性的材料，有助于学生对问题的理解和认识。

4. **教学过程的设计**

为达到本节课的教学目标，突出重点，突破难点，教学上采取了以下的措施：

（1）让学生体验概念过程，经历从直观到抽象、从特殊到一般、从感性到理性的认知过程，培养学生数学建模和数学抽象的方法和能力。

（2）通过对证明过程的分析，使学生进一步认识单调性的本质，帮助学生掌握用定义证明函数单调性的方法和步骤。

（3）对判断方法进行适当的延展，加深对定义的理解，同时也为用导数研究单调性埋下伏笔。

二、分课时设计

第 1 课时

【教学目标】

1. **能力目标**

理解函数单调性的概念，掌握利用函数图像和单调性定义判断、证明函数单调性的方法。

2. **素养目标**

使学生的数学直观、数学建模、数学抽象和逻辑推理等核心素养得到培养和提高。

3. **过程与情感**

通过体验单调性概念的形成过程培养学生数学直观、数学建模和数学抽象的方法，培养学生细心观察、认真分析、严谨论证的良好思维习惯。

【教学重点难点】

教学重点：函数单调性的概念、判断及证明。

教学难点：归纳抽象函数单调性的定义以及根据定义证明函数的单调性。

【教学方法】

"启疑—生疑—研疑"三段式教学法

【教学手段】

计算机、投影仪。

【教学过程】

1. **启疑**

课前布置任务：

2019 年是新中国成立 70 周年大庆，我国将于 10 月 1 日国庆节举行大型阅兵和群众巡游活动，你能通过查阅历史资料预测 2019 年 10 月 1 日的天气和气温变化情况吗？

教师：通过课前查阅资料，同学们得出的结论是什么？

学生交流分享。

通过交流，北京历年来 10 月 1 日的天气，从平均气温、平均降雨天数等均比较适宜举办大型活动。

图 1 是北京市某年 10 月 1 日一天 24 小时内气温随时间变化的曲线图。引导学生识图，捕捉信息，启发学生思考。

教师：观察图形，能得到什么信息？（如图 1）

（1）当天的最高温度、最低温度以及何时达到；

（2）在某时刻的温度；

（3）某些时段温度升高，某些时段温度降低。

在生活中，我们关心很多数据的变化规律，了解这些数据的变化规律，对我们的生活是很有帮助的。

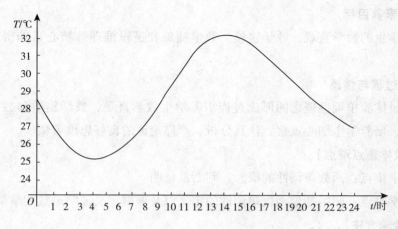

图 1

教师：还能举出生活中其他的数据变化情况吗？

水位高低、燃油价格、股票价格等。

归纳：用函数观点看，其实就是随着自变量的变化，函数值是变大还是变小。

设计意图：由生活情境引入新课，激发兴趣。

2. **生疑**

问题 1：分别作出函数 $y = x + 2$，$y = -x + 2$，$y = x^2$，$y = \dfrac{1}{x}$ 的图像，并且观察自变量变化时，函数值有什么变化规律？（变化趋势，见图 2）

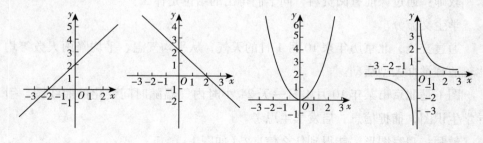

图 2

（1）函数 $y = x + 2$ 的图像自左向右是上升的，也就是说 y 随 x 的增大而增大；函数 $y = -x + 2$ 的图像自左向右是下降的，也就是说 y 随 x 的增大而减小。

（2）函数 $y = x^2$ 的图像自左向右是先下降后上升的，即在 $[0, +\infty)$ 上 y 随 x 的增大而增大，在 $(-\infty, 0)$ 上 y 随 x 的增大而减小。

（3）函数 $y = \dfrac{1}{x}$ 的图像分成了两部分，每部分都是自左向右下降的，即在 $(0，+\infty)$ 上 y 随 x 的增大而减小，在 $(-\infty，0)$ 上 y 也是随 x 的增大而减小。

引导学生进行分类描述（增函数、减函数），同时明确函数的单调性是对定义域内某个区间而言的，是函数的局部性质。

问题 2：能不能根据自己的理解说说什么是增函数、减函数？

如果函数 $f(x)$ 在某个区间上随自变量 x 的增大，y 也越来越大，我们说函数 $f(x)$ 在该区间上为增函数；如果函数 $f(x)$ 在某个区间上随自变量 x 的增大，y 越来越小，我们说函数 $f(x)$ 在该区间上为减函数。

教师：这种认识是从图像的角度得到的，是对函数单调性的直观认识。

设计意图：从图像直观感知函数单调性，完成对函数单调性的第一次认识。

问题 3：图 3 是函数 $y = x + \dfrac{2}{x}$（$x > 0$）的图像，能说出这个函数分别在哪个区间为增函数和减函数吗？

学生的困难是难以确定分界点的确切位置。

通过讨论，使学生感受到用函数图像判断函数单调性虽然比较直观，但有时不够精确，需要结合解析式进行严密化、精确化的研究。

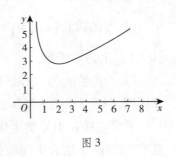

图 3

设计意图：使学生体会到用数量大小关系严格表述函数单调性的必要性。

3. **研疑**

问题 4：函数的图像仅从直观上给出了增函数和减函数的映像。数学更讲究逻辑上的严谨，如何用数学语言来描述"y 随 x 的增大而增大"这样的自然语言呢？你能用准确的数学符号语言表述出增函数的定义吗？

学生分组讨论，教师引导，各小组总结发言，师生共同完善，得出增函数严格的定义，然后学生类比得出减函数的定义。

设函数 $y = f(x)$ 的定义域是 I，区间 $D \subseteq I$，$x_1，x_2 \in D$，当 $x_1 < x_2$ 时，都有 $f(x_1) < f(x_2)$ 成立，则称 $f(x)$ 在区间 D 上是增函数。

设函数 $y = f(x)$ 的定义域是 I，区间 $D \subseteq I$，$x_1，x_2 \in D$，当 $x_1 < x_2$ 时，都有 $f(x_1) > f(x_2)$ 成立，则称 $f(x)$ 在区间 D 上是减函数。

单调区间：

函数 $f(x)$ 在区间 D 上是增函数或减函数，我们就称函数 $f(x)$ 在这个区间 D 具有单调性，区间 D 是这个函数的单调区间。

例 1：图 4 是定义在区间 $[-5，5]$ 上的函数 y $=f(x)$，根据图像说出函数的单调区间，以及在相应区间上，它是增函数还是减函数？

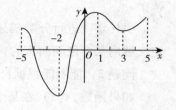

图 4

解答：函数 $y=f(x)$ 的单调区间有 $[-5，-2)$，$[-2，1)$，$[1，3)$，$[3，5]$。其中 $y=f(x)$ 在区间 $[-5，-2)$，$[1，3)$ 上是减函数，也是单调减区间；函数 $y=f(x)$ 在区间 $[-2，1)$，$[3，5]$ 上是增函数，也是单调增区间。

问题 5：判断题：

① 已知 $f(x)=x$，因为 $f(-1)<f(2)$，所以函数 $f(x)$ 是增函数。

② 若函数 $f(x)=\left(x-\dfrac{1}{2}\right)^{2}$ 满足 $f(0)<f(3)$，则函数 $f(x)$ 在区间 $[0，3]$ 上为增函数。

③ 若函数 $f(x)$ 在区间 $(1，2]$ 和 $(2，3)$ 上均为增函数，则函数 $f(x)$ 在区间 $(1，3)$ 上为增函数。

教师点拨：引导学生注意定义中的重要语句、关键词如"给定区间""任意""都有"，结合本问题让学生思考讨论，并注意了解学生对定义中的一些错误理解和说法并适时纠正。

同时注意函数在定义域内的两个区间 $A，B$ 上都是增（或减）函数，一般不能认为函数在 $A\cup B$ 上是增（或减）函数。

设计意图：让学生由特殊到一般，从具体到抽象归纳出单调性的定义，通过对判断题的辨析，加深学生对定义的理解。

例 2：作出函数 $y=\dfrac{1}{x}$ $(x>0)$ 的图像，并判断它的单调性？证明你的结论。

教师：由初中的知识我们容易作出函数 $y=\dfrac{1}{x}$ $(x>0)$ 的图像，通过图像易得函数 $y=\dfrac{1}{x}$ 在区间 $(0，+\infty)$ 上是减函数，但我们应当如何证明呢？

学生：用定义证明。

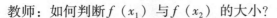

教师：如何判断 $f(x_1)$ 与 $f(x_2)$ 的大小？

引导学生归纳出可以通过作差来判断两个数的大小。

证明：设 x_1，$x_2 \in (0，+\infty)$ 上的任意两个实数，且 $x_1 < x_2$，则

$$f(x_1) - f(x_2) = \frac{1}{x_1} - \frac{1}{x_2} = \frac{x_2 - x_1}{x_1 x_2}.$$

由 $x_1 < x_2$，得 $x_2 - x_1 > 0$.

由 x_1，$x_2 \in (0，+\infty)$，得 $x_1 x_2 > 0$，

于是 $f(x_1) - f(x_2) > 0$，

即 $f(x_1) > f(x_2)$，

函数 $y = \frac{1}{x}$ 在区间 $(0，+\infty)$ 是减函数。

归纳解题步骤：

引导学生归纳证明函数单调性的步骤：设元、作差、变形、断号、定论。

设计意图： 通过简单的例2使学生初步掌握定义法证明函数单调性的基本步骤和符号语言的正确使用。

练习：证明函数 $f(x) = \sqrt{x}$ 在 $[0，+\infty)$ 上是增函数。

问题6：要证明函数 $f(x)$ 在区间 $(a，b)$ 上是增函数，除了用定义来证，如果可以证得对任意的 x_1，$x_2 \in (a，b)$，且 $x_1 \neq x_2$，有 $\frac{f(x_2) - f(x_1)}{x_2 - x_1} > 0$ 可以吗？

引导学生分析这种叙述与定义的等价性，让学生尝试用这种等价形式证明函数 $f(x) = \sqrt{x}$ 在 $[0，+\infty)$ 上是增函数。

设计意图： 初步掌握根据定义证明函数单调性的方法和步骤。等价形式进一步发展可以得到导数法，为用导数方法研究函数单调性埋下伏笔。

4. 小结

学生交流在本节课学习中的体会、收获，交流学习过程中的体验和感受，师生合作共同完成小结。

（1）概念探究过程：直观到抽象、特殊到一般、感性到理性。

（2）证明方法和步骤：设元、作差、变形、断号、定论。

（3）数学思想方法和思维方法：数形结合，等价转化，类比等。

5. 作业

书面作业：课本习题1.3　A组第1，2，3题。

第 2 课时

【教学目标】

1. 能力目标

理解函数的最值的定义，能分别用数形结合法和函数的单调性求函数的最值。

2. 素养目标

使学生的数学直观、数学建模、逻辑推理等核心素养得到培养和提高。

3. 过程与情感

通过探究函数最值的概念与求法培养学生细心观察、认真分析、严谨论证的良好思维习惯。

【教学重难点】

重点：函数最大（小）值的定义和求法。

难点：如何求一个具体函数的最值。

【教学方法】

"启疑—生疑—研疑"三段式教学法。

【教学设备】

计算机、投影仪。

【教学过程】

1. 启疑

问题 1：某工厂为了扩大生产规模，计划重新建造一个面积为 10000 m² 的矩形新厂址，新厂址的长为 x m，则宽为 $\dfrac{10000}{x}$ m，所建围墙 y m，假如你是这个工厂的厂长，你会选择一个长和宽各为多少米的矩形土地，使得新厂址的围墙 y 最短？

学生分小组先讨论探究，并分享结论。

教师：本问题意在求函数 $y = 2\left(x + \dfrac{10000}{x}\right)$，$x > 0$ 的最小值。

在生产和生活中，我们非常关心花费最少、用料最省、用时最省等最值问题，这就是我们今天学习的课题。

2. 生疑

问题 2：观察下列函数的图像，指出图像的最高点或最低点的坐标。（见图 5）

（1）$f(x) = \dfrac{1}{x}$，$x \in [1, 2]$；　　　　　（2）$f(x) = x^2 + 2x + 1$.

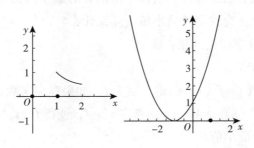

图 5

学生：（1）最高点的坐标为（1，1），最低点的坐标为 $\left(2, \dfrac{1}{2}\right)$；

（2）最低点的坐标为（-1，0）.

问题3：

（1）你能说说问题2中函数图像的最高或最低点的纵坐标 y 的含义吗？

（2）它们是所有函数值中的什么？

（3）在函数定义域中任取一 x 值，则 $f(x)$ 与函数图像的最高或最低点的纵坐标 y 有什么关系？

学生回答问题，引出函数最大值的定义。

设函数 $y = f(x)$ 的定义域为 I，如果存在实数 M 满足：（1）对于任意的 $x \in I$，都有 $f(x) \leq M$；（2）存在 $x_0 \in I$，使得 $f(x_0) = M$，那么称 M 是函数 $y = f(x)$ 的最大值。

问题4：函数最大值的定义中 $f(x) \leq M$，即 $f(x) \leq f(x_0)$，这个不等式反映了函数 $y = f(x)$ 的函数值具有什么特点？其图像又具有什么特征？

学生讨论得出结论：$f(x) \leq M$ 反映了函数 $y = f(x)$ 的所有函数值不大于实数 M；这个函数的特征是图像有最高点，并且最高点的纵坐标就是最大值 M.

问题5：函数 $f(x) = x^2 + 2x + 1$ 有最大值吗？为什么？

学生讨论得出结论：函数 $f(x) = x^2 + 2x + 1$ 没有最大值，因为它的图像没有最高点。找不到一个 $x_0 \in I$，使得 $f(x_0) = M$，且 $f(x) \leq M$.

问题6：在找函数的最大值时，要注意什么原则？

师生讨论得出结论：找函数的最大值，要坚持定义域优先的原则；函数图像上有最高点时，这个函数才存在最大值，最高点必须是函数图像上的点。

3. 研疑

问题 7：类比函数的最大值，请你给出函数的最小值的定义及其几何意义。类比上面问题 6，你认为找函数最小值应注意什么？

分小组探究，分享讨论结果：

函数最小值的定义：

一般地，设函数 $y=f(x)$ 的定义域为 I，如果存在实数 M 满足：（1）对于任意的 $x \in I$，都有 $f(x) \geqslant M$；（2）存在 $x_0 \in I$，使得 $f(x_0)=M$. 那么，称 M 是函数 $y=f(x)$ 的最小值。

找函数的最小值，也要坚持定义域优先的原则；函数图像上有最低点时，这个函数才存在最小值，最低点必须是函数图像上的点。

例 1：求函数 $y=\dfrac{2}{x-1}$ 在区间 $[2，6]$ 上的最大值和最小值。

学生分小组讨论探究，教师适时引导：

（1）函数最大最小值我们通过什么来得最直观？

（2）图像最高点的纵坐标就是函数的最大值，图像最低点的纵坐标就是函数的最小值。所以我们要做什么事？

（3）根据函数的图像观察其单调性，这样得出的结论严谨吗？我们应该怎么做？

（4）先利用变换法画出函数 $y=\dfrac{2}{x-1}$ 的图像，只取在区间 $[2，6]$ 上的部分。观察可得函数的图像是上升的。再利用函数单调性的定义证明单调性，最后利用函数的单调性求得最大值和最小值。

解：设 $2 \leqslant x_1 < x_2 \leqslant 6$，则有

$$f(x_1)-f(x_2)=\frac{2}{x_1-1}-\frac{2}{x_2-1}=\frac{2[(x_2-1)-(x_1-1)]}{(x_1-1)(x_2-1)}=\frac{2(x_2-x_1)}{(x_1-1)(x_2-1)}.$$

$\because 2 \leqslant x_1 < x_2 \leqslant 6$，

$\therefore x_2-x_1>0，(x_1-1)(x_2-1)>0.$

$\therefore f(x_1)>f(x_2)$，即函数 $y=\dfrac{2}{x-1}$ 在区间 $[2，6]$ 上是减函数。

$\therefore$ 当 $x=2$ 时，函数 $y=\dfrac{2}{x-1}$ 在区间 $[2，6]$ 上取得最大值 $f(2)=2$；

当 $x=6$ 时，函数 $y=\dfrac{2}{x-1}$ 在区间 $[2，6]$ 上取得最小值 $f(6)=\dfrac{2}{5}$.

课堂练习：

（1）求函数 $y = x^2 - 2x$（$x \in [-3, 2]$）的最大值和最小值。

解：最大值是 $f(-3) = 15$，最小值是 $f(1) = -1$.

（2）函数 $f(x) = x^4 + 2x^2 - 1$ 的最小值是＿＿＿＿＿＿。

解析：（换元法）转化为求二次函数的最小值。

设 $x^2 = t$，$y = t^2 + 2t - 1$（$t \geq 0$），

又当 $t \geq 0$ 时，函数 $y = t^2 + 2t - 1$ 是增函数，

则当 $t = 0$ 时，函数 $y = t^2 + 2t - 1$（$t \geq 0$）取最小值 -1。

所以函数 $f(x) = x^4 + 2x^2 - 1$ 的最小值是 -1。

答案： -1

（3）画出函数 $y = -x^2 + 2|x| + 3$ 的图像，指出函数的单调区间和最大值。

分析：函数的图像关于 y 轴对称，先画出 y 轴右侧的图像，再对称到 y 轴左侧合起来得函数的图像；借助图像，根据单调性的几何意义写出单调区间。

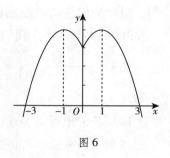

图 6

解：函数图像如图 6 所示。由图像得，函数的图像在区间（$-\infty$，-1）和 $[0, 1]$ 上是上升的，在 $[-1, 0]$ 和（1，$+\infty$）上是下降的，最高点是（± 1，4），故函数在（$-\infty$，-1），$[0, 1]$ 上是增函数；函数在 $[-1, 0]$，（1，$+\infty$）上是减函数，最大值是 4。

设计意图： 本题主要考查函数的单调性和最值，以及最值的求法。求函数的最值时，先画函数的图像，确定函数的单调区间，再用定义法证明，最后借助单调性写出最值，这种方法适用于做解答题。

单调法求函数最值：先判断函数的单调性，再利用其单调性求最值；常用到下面的结论：①如果函数 $y = f(x)$ 在区间（a，b]上单调递增，在区间 $[b$，c）上单调递减，则函数 $y = f(x)$ 在 $x = b$ 处有最大值 $f(b)$；②如果函数 $y = f(x)$ 在区间（a，b]上单调递减，在区间 $[b$，c）上单调递增，则函数 $y = f(x)$ 在 $x = b$ 处有最小值 $f(b)$.

例 2："菊花"烟花是最壮观的烟花之一。制造时一般是期望在它达到最高点时爆裂。如果烟花距地面的高度 h m 与时间 t s 之间的关系为 $h(t) = -4.9t^2 + 14.7t + 18$，那么烟花冲出后什么时候是它爆裂的最佳时刻？这时距地面

的高度是多少？（精确到 1m）

活动：可以指定一位学生到黑板上书写，教师在下面巡视，并及时帮助做错的学生改错。并对学生的板书及时评价。将实际问题最终转化为求函数的最值，画出函数的图像，利用函数的图像求出最大值。"烟花冲出后什么时候是它爆裂的最佳时刻"就是当 t 取什么值时函数 $h(t) = -4.9t^2 + 14.7t + 18$ 取得最大值；"这时距地面的高度是多少（精确到 1m）"就是函数 $h(t) = -4.9t^2 + 14.7t + 18$ 的最大值；转化为求函数 $h(t) = -4.9t^2 + 14.7t + 18$ 的最大值及此时自变量 t 的值。

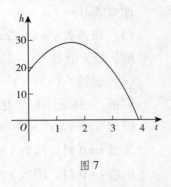

图 7

解：作出函数 $h(t) = -4.9t^2 + 14.7t + 18$ 的图像，如图 7 所示，显然，函数图像的顶点就是烟花上升的最高点，顶点的横坐标就是烟花爆裂的最佳时刻，纵坐标就是这时距地面的高度。由二次函数的知识，对于函数 $h(t) = -4.9t^2 + 14.7t + 18$，我们有：

当 $t = \dfrac{-14.7}{2 \times (-4.9)} = 1.5$ 时，函数有最大值 $h = \dfrac{4 \times (-4.9) \times 18 - 14.7^2}{4 \times (-4.9)} \approx 29.$

即烟花冲出后 1.5s 是它爆裂的最佳时刻，这时距地面的高度约是 29m.

本例主要考查二次函数的最值问题，以及应用二次函数解决实际问题的能力。解应用题的步骤是：①审清题意读懂题；②将实际问题转化为数学问题来解决；③归纳结论。

注意：要坚持定义域优先的原则；求二次函数的最值要借助于图像即数形结合。

课堂练习：

（1）把长为 12 厘米的细铁丝截成两段，各自围成一个正三角形，那么这两个正三角形面积之和的最小值是（　　）

A. $\dfrac{3}{2}\sqrt{3}$cm² 　　 B. 4cm² 　　 C. $3\sqrt{2}$cm² 　　 D. $2\sqrt{3}$cm²

解析：设一个三角形的边长为 $x$cm，则另一个三角形的边长为 $(4-x)$cm，两个三角形的面积和为 S，则 $S = \dfrac{\sqrt{3}}{4}x^2 + \dfrac{\sqrt{3}}{4}(4-x)^2 = \dfrac{\sqrt{3}}{2}(x-2)^2 + 2\sqrt{3} \geq 2\sqrt{3}$. 当 $x = 2$ 时，S 取最小值 $2\sqrt{3}$cm². 故选 D。

答案：D

（2）某超市为了获取最大利润做了一番试验，若将进货单价为 8 元的商品按 10 元一件的价格出售时，每天可销售 60 件，现在采用提高销售价格减少进货量的办法增加利润，已知这种商品每涨 1 元，其销售量就要减少 10 件，问该商品售价定为多少时才能赚取最大利润，并求出最大利润。

分析：设未知数，引进数学符号，建立函数关系式，再研究函数关系式的定义域，并结合问题的实际意义做出回答。利润 ＝（售价－进价）×销售量。

解：设商品售价定为 x 元时，利润为 y 元，则 $y = (x-8)[60-(x-10) \cdot 10] = -10[(x-12)^2 - 16] = -10(x-12)^2 + 160$ $(10 < x < 16)$，

当且仅当 $x = 12$ 时，y 有最大值 160 元，

即售价定为 12 元时可获最大利润 160 元。

课堂练习：

某厂 2013 年拟举行促销活动，经调查测算，该厂产品的年销售量（即该厂的年产量）x 万件与去年促销费 m（万元）（$m \geqslant 0$）满足 $x = 3 - \dfrac{2}{m+1}$. 已知 2013 年生产的固定投入为 8 万元，每生产 1 万件该产品需要再投入 16 万元，厂家将每件产品的销售价格定为每件产品平均成本的 1.5 倍（产品成本包括固定投入和再投入两部分资金）。

（1）将 2013 年该产品的利润 y 万元表示为年促销费 m（万元）的函数；

（2）求 2013 年该产品利润的最大值，此时促销费为多少万元？

分析：（1）年利润 ＝ 销售价格×年销售量－固定投入－促销费－再投入，销售价格 ＝ 1.5×每件产品平均成本；（2）利用单调法求函数的最大值。

解：（1）每件产品的成本为 $\dfrac{8+16x}{x}$ 元，故 2013 年的利润为

$$y = 1.5 \times \dfrac{8+16x}{x} \times x - (8+16x+m) = 4+8x-m = 4+8\left(3 - \dfrac{2}{m+1}\right) - m$$

$$= 28 - \dfrac{16}{m+1} - m \text{（万元）}（m \geqslant 0）.$$

（2）可以证明当 $0 \leqslant m \leqslant 3$ 时，函数 $y = 28 - \dfrac{16}{m+1} - m$ 是增函数，当 $m > 3$ 时，函数 $y = 28 - \dfrac{16}{m+1} - m$ 是减函数，所以当 $m = 3$ 时，函数 $y = 28 - \dfrac{16}{m+1} - m$ 取得最大值 21 万元。

例3：求函数 $y = \dfrac{1}{x^2 + x + 1}$ 的最大值。

解：（方法一）利用计算机软件画出函

数的图像，如图8所示，

故图像最高点是 $\left(-\dfrac{1}{2}, \dfrac{4}{3}\right)$，

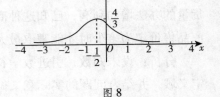

则函数 $y = \dfrac{1}{x^2 + x + 1}$ 的最大值是 $\dfrac{4}{3}$.

图 8

（方法二）函数的定义域是 **R**，

可以证明当 $x < -\dfrac{1}{2}$ 时，函数 $y = \dfrac{1}{x^2 + x + 1}$ 是增函数；

当 $x \geq -\dfrac{1}{2}$ 时，函数 $y = \dfrac{1}{x^2 + x + 1}$ 是减函数。

则当 $x = -\dfrac{1}{2}$ 时，函数 $y = \dfrac{1}{x^2 + x + 1}$ 取最大值 $\dfrac{4}{3}$，

即函数 $y = \dfrac{1}{x^2 + x + 1}$ 的最大值是 $\dfrac{4}{3}$.

（方法三）函数的定义域是 **R**，

由 $y = \dfrac{1}{x^2 + x + 1}$，得 $yx^2 + yx + y - 1 = 0$.

$\because x \in \mathbf{R}$，$\therefore$ 关于 x 的方程 $yx^2 + yx + y - 1 = 0$ 必有实数根。

当 $y = 0$ 时，关于 x 的方程 $yx^2 + yx + y - 1 = 0$ 无实数根，即 $y = 0$ 不属于函

数的值域。

当 $y \neq 0$ 时，则关于 x 的方程 $yx^2 + yx + y - 1 = 0$ 是一元二次方程，

则有 $\Delta = (y)^2 - 4 \times y (y - 1) \geq 0$，$\therefore 0 < y \leq \dfrac{4}{3}$.

$\therefore$ 函数 $y = \dfrac{1}{x^2 + x + 1}$ 的最大值是 $\dfrac{4}{3}$.

设计意图： 方法三称为判别式法，形如函数 $y = \dfrac{ax^2 + bx + c}{dx^2 + ex + f}$ $(d \neq 0)$，当函

数的定义域是 **R**（此时 $e^2 - 4df < 0$）时，常用判别式法求最值，其步骤是：

①把 y 看成常数，将函数解析式整理为关于 x 的方程的形式 $mx^2 + nx + k = 0$；②分类讨论 $m = 0$ 是否符合题意；③当 $m \neq 0$ 时，关于 x 的方程 $mx^2 + nx + k = 0$ 中有 $x \in \mathbf{R}$，则此一元二次方程必有实数根，得 $n^2 - 4mk \geq 0$，得关于 y 的不

等式，解不等式组 $\begin{cases} n^2 - 4mk \geq 0, \\ m \neq 0, \end{cases}$ 此不等式组的解集与②中 y 的值取并集得函数

的值域，从而得函数的最大值和最小值。

回归本节课的引例，求函数 $y = 2\left(x + \dfrac{10000}{x}\right)$，$x > 0$ 的最小值。

学生分小组讨论解题方案，经交流讨论确定使用单调性法求最小值。

解：设 x_1，$x_2 \in (0, +\infty)$，$x_1 < x_2$.

$$f(x_1) - f(x_2) = 2\left(x_1 + \frac{10000}{x_1}\right) - 2\left(x_2 + \frac{10000}{x_2}\right)$$

$$= 2(x_1 - x_2) + 20000\left(\frac{1}{x_1} - \frac{1}{x_2}\right) = 2(x_1 - x_2) + 20000\left(\frac{x_2 - x_1}{x_1 x_2}\right)$$

$$= 2(x_1 - x_2)\left(\frac{x_1 x_2 - 10000}{x_1 x_2}\right),$$

所以当 x_1，$x_2 \in (0, 100)$ 时，$f(x_1) - f(x_2) > 0$，$f(x_1) > f(x_2)$，$f(x)$ 单调递减。

当 x_1，$x_2 \in (100, +\infty)$ 时，$f(x_1) - f(x_2) < 0$，$f(x_1) < f(x_2)$，$f(x)$ 单调递增。

所以当 $x = 100$ 时，y 有最小值，选择一个长和宽都为 100 米的矩形土地，可使得新厂址的围墙 y 最短。

4. 小结

本节课学习了：（1）函数的最值；（2）求函数最值的方法：①图像法，②单调法，③判别式法；（3）求函数最值时，要注意函数的定义域。

5. 作业

课本习题 1.3 A 组　5，6.

6. 反思

（1）在探索概念阶段，要让学生经历从直观到抽象、从特殊到一般、从感性到理性的认知过程，完成对函数最值定义的两次认识，使得学生对概念的认识不断深入。

（2）在应用概念阶段，通过对证明过程的分析，能帮助学生掌握用图像和单调法求函数最值的方法和步骤。

"3.1.1 两角差的余弦公式" 教学设计

——"启疑—生疑—研疑"三段式教学法的应用

广东省云浮市邓发纪念中学　林朝冰

【教学目标】

1. 知识目标

通过两角差的余弦公式的探究，让学生在初步理解公式的结构及其功能的基础上记忆公式，并用其解决简单的数学问题，为后面推导其他和（差）角公式打好基础。

2. 能力目标

通过两角差的余弦公式的探究及向量推导两角差的余弦公式，让学生体会数学抽象和数学建模的思想，培养学生应用数学知识解决实际问题的能力，培养学生的运算能力、逻辑推理能力和合作学习能力。

3. 情感目标

使学生经历数学知识的发现、创造的过程，体验成功探索新知的乐趣，获得对数学应用价值的认识，激发学生提出问题的意识以及努力分析问题、解决问题的激情。

【教学重难点】

重点：通过探究得到两角差的余弦公式。

难点：探究过程的组织和引导。

【教学方法】

采用"启疑—生疑—研疑"三段式教学法，使探究学习与合作学习相结合。

【知识准备】

平面向量的数量积。

【教学准备】

多媒体、圆规，三角板。

【教学过程】

1. 启疑：创设情境，引入新课

请同学们思考问题：某城市的电视发射塔建在市郊的一座小山上。如图1所示，小山高 BC 约为30米，在地平面上有一点 A，测得 A，C 两点间距离约为67米，从 A 观测电视发射塔的视角（$\angle CAD$）约为45°. 求这座电视发射塔的高度。

问题1：请设计求解方案，并描述你的方案。

设计意图：使学生体会数学抽象和数学建模的思想，培养学生应用数学知识解决实际问题的能力。

问题2：写出你的解决过程。

设电视发射塔高 $CD = x$ 米，

则 $\tan\alpha = \dfrac{30}{AB}$，即 $AB = \dfrac{30}{\tan\alpha}$.

如图1所示，在直角三角形 ABD 中，

$\tan(45° + \alpha) = \dfrac{x + 30}{30}\tan\alpha$，解方程得

$x = \dfrac{30\tan(45° + \alpha)}{\tan\alpha} - 30$.

因此，求发射塔的高度只需求 $\tan(45° + \alpha)$ 的值。

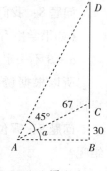

图 1

2. 生疑

问题3：在解决问题的过程中，你遇到了什么困难，你认为应当如何解决？如何求角 α？

事实上，我们只需求 $\tan(45° + \alpha)$.

在本问题中，我们可以求出 $\sin\alpha = \dfrac{30}{67}$，因此问题转化为已知 $\sin\alpha$ 和 $\sin 45°$ 如何求 $\sin(\alpha + 45°)$ 和 $\cos(\alpha + 45°)$ 的问题。

问题4：你能将这个问题一般化吗？

已知 $\sin\alpha$，$\cos\alpha$，$\sin\beta$，$\cos\beta$ 如何求 $\sin(\alpha + \beta)$，$\cos(\alpha + \beta)$，$\sin(\alpha - \beta)$，$\cos(\alpha - \beta)$？

我们今天先来研究如何求 $\cos(\alpha-\beta)$.

3. 研疑

问题 5：$\cos(\alpha-\beta)=\cos\alpha-\cos\beta$ 是否成立？若不成立，你能举出反例吗？

问题 6：由 $\cos(\alpha-\beta)$ 你能联想到前面我们学过的什么公式中有类似的式子吗？

（向量的夹角公式）

问题 7：你能设计出求 $\cos(\alpha-\beta)$ 的数学模型吗？

在直角坐标系 xOy 中，以 Ox 轴为始边分别作角 α，β，其终边分别与单位圆交于 $P_1(\cos\alpha,\ \sin\alpha)$，$P_2(\cos\beta,\ \sin\beta)$，则 $\overrightarrow{OP_1}=(\cos\alpha,\ \sin\alpha)$，$\overrightarrow{OP_2}=(\cos\beta,\ \sin\beta)$，$\angle P_1OP_2=\alpha-\beta$，

由数量积的坐标表示，$\overrightarrow{OP_1}\cdot\overrightarrow{OP_2}=\cos\alpha\cos\beta+\sin\alpha\sin\beta$，

由数量积的定义，$\overrightarrow{OP_1}\cdot\overrightarrow{OP_2}=|\overrightarrow{OP_1}|\,|\overrightarrow{OP_2}|\cos(\alpha-\beta)=\cos(\alpha-\beta)$，

所以 $\cos(\alpha-\beta)=\cos\alpha\cos\beta+\sin\alpha\sin\beta$.

问题 8：我们的推导过程在细节上有没有问题？

（如果学生看不出来，可以提示向量夹角的范围是什么？）

$\alpha-\beta$ 不一定是向量夹角，它们的关系应该是 $\alpha-\beta=2k\pi\pm\theta$.

所以根据诱导公式得：$\cos\theta=\cos(\alpha-\beta)=\cos\alpha\cos\beta+\sin\alpha\sin\beta$，公式得证。

问题 9：哪位同学可以对我们这节课从一开始到现在的推导过程做一小结呢？

首先我们遇到实际问题，涉及求 $\tan(45°+\alpha)$ 的值，接着我们提出了已知 $\sin\alpha$，$\cos\alpha$，$\sin\beta$，$\cos\beta$ 如何求 $\sin(\alpha+\beta)$，$\cos(\alpha+\beta)$，$\sin(\alpha-\beta)$，$\cos(\alpha-\beta)$ 的问题，最后我们用数量积的知识证明了对任意角，$\cos(\alpha-\beta)=\cos\alpha\cos\beta+\sin\alpha\sin\beta$ 都成立。

问题 10：谁来说说两角差的余弦公式有什么特点？我们该如何记忆？

问题 11：阅读例 1 后求 $\cos75°$. 谁来展示你的做法？

$\cos75°=\cos(120°-45°)=\cos120°\cos45°+\sin120°\sin45°$

$$=\left(-\frac{1}{2}\right)\times\frac{\sqrt{2}}{2}+\frac{\sqrt{3}}{2}\times\frac{\sqrt{2}}{2}=\frac{\sqrt{6}-\sqrt{2}}{4}.$$

有没有同学遇到了困惑？

有的同学是这样拆的，$\cos 75° = \cos（45° + 30°）$，不过我们今天学习的是两角差的余弦公式，而这是两角和的余弦。

问题 12：你能推导出两角和的余弦公式吗？请尝试一下。

$$\cos（\alpha + \beta）= \cos\alpha\cos\beta - \sin\alpha\sin\beta.$$

问题 13：两角差的余弦公式与两角和的余弦公式有什么相同与不同？

问题 14：阅读例 2 后完成 P23 练习 2。

4. 小结与作业

（1）知识：两角差的余弦公式，两角和的余弦公式。

（2）方法：向量法。

（3）应用：两角差的余弦公式与两角和的余弦公式的应用。

5. 作业

（1）P137 习题 3.1　A 组 2、3。

（2）预习 §3.1.2 两角和与差的正弦、余弦、正切公式。

"圆锥曲线的定义"教学设计

广东省云浮市邓发纪念中学　林朝冰

【问题提出】

对于"圆锥曲线的定义"的教学，传统的方法是举出一个实例后，直接给出定义，《新课程标准》的教学理念认为：要让学生体验知识的发生过程，培养学生的探究精神、科学的学习态度和科学的人生观。根据这一理念，本人设计了本节"数学实验课"，让学生通过数学实验归纳出一些规律性的东西，从而得出"圆锥曲线的定义"。

本节内容位于高中数学教材选修 2－1（选修 1－1）的第二章，是在必修 2 中学习了直线与圆之后，本节内容是本人将椭圆、双曲线、抛物线的定义从教材中抽取出来糅合在一起，将它置于圆锥曲线内容的第一节。重点是通过实验、类比得出圆锥曲线的定义，难点是通过类比得出圆锥曲线的定义。

【教学目标】

1. **知识**

通过实验、类比得出圆锥曲线的定义，了解椭圆、双曲线、抛物线内在联系。

2. **过程与方法**

通过研究一动圆与两定圆相切时动圆圆心与两定圆圆心的距离，实验、类比得出圆锥曲线的定义。借助《几何画板》软件强大的研究功能实现让学生做数学实验的设想。

3. **能力**

通过实验，培养学生观察、分析、归纳和类比的能力。

【教学过程】

（一）实验1

如图1所示，已知动圆 P 与大圆 F_1 内切，与小圆 F_2 外切。

（1）请在保证以上条件成立的前提下，改变圆 P 的位置，并记录以下数据，填好表1。

（2）在保证以上条件成立的前提下，点 P 的轨迹是一条什么曲线？

（3）观察数据，你能得出什么结论？

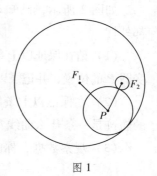

图1

表1

$|PF_1|$	$|PF_2|$	$|PF_1| + |PF_2|$

利用《几何画板》软件，由学生操作，拖动点 P，完成填表，并归纳出："动点 P 到定点 F_1，F_2 的距离之和等于常数"，"$|PF_1| + |PF_2| > |F_1F_2|$" 等结论。

让学生反复拖动点 P，观察点 P 的轨迹，从而使学生得出动点 P 的轨迹是椭圆的结论。

（在用《几何画板》软件度量 P 到定点 F_1，F_2 的距离时，采用现场操作，而不是课前做好课堂显示，从而给学生以真实感）

（二）类比圆的定义，得出椭圆的定义

复习圆的定义并用课件显示，引导学生类比并给出椭圆的定义："平面内到两定点 F_1，F_2 的距离之和等于常数（大于 $|F_1F_2|$）的点的轨迹叫作椭圆"。

（三）实验2

如图 2 所示，已知动圆 P 与圆 F_1，圆 F_2 都外切。

（1）请在保证以上条件成立的前提下，改变圆 P 的位置，并记录以下数据，填好表 2。

（2）在保证以上条件成立的前提下，点 P 的轨迹是一条什么曲线？

（3）观察数据，你能得出什么结论？

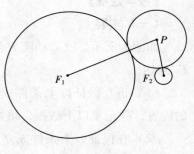

图 2

表 2

$|PF_1|$	$|PF_2|$	$|PF_1| - |PF_2|$

利用《几何画板》软件，由学生操作，拖动点 P，完成填表，并归纳出："动点 P 到定点 F_1，F_2 的距离之差等于常数"，"$||PF_1| - |PF_2|| < |F_1F_2|$" 等结论。

让学生反复拖动点 P，观察点 P 的轨迹，从而使学生得出动点 P 的轨迹是双曲线的结论。

（四）类比椭圆的定义，得出双曲线的定义

复习椭圆的定义并用课件显示，引导学生类比并给出双曲线的定义："平面内到两定点 F_1，F_2 的距离之差的绝对值等于常数（小于 $|F_1F_2|$）的点的轨迹叫作双曲线"。

（五）实验3

如图 3 所示，点 P 为在实验 1 中得到的椭圆上任意一点，直线 l 为定直线，d 为点 P 到直线 l 的距离。

（1）改变点 P 的位置，并记录以下数据，填好表 3。

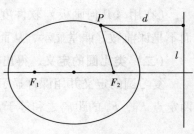

图 3

（2）观察数据，你能得出什么结论？

表 3

$\lvert PF_2 \rvert$	d	$\dfrac{\lvert PF_2 \rvert}{d}$

利用《几何画板》软件，由学生操作，拖动点 P，完成填表，并归纳出："$\dfrac{\lvert PF_2 \rvert}{d}$ 等于常数，且大于 0 小于 1"。

（六）实验 4

如图 4 所示，点 P 为在实验 2 中得到的双曲线上任意一点，直线 l 为定直线，d 为点 P 到直线 l 的距离。

（1）改变点 P 的位置，并记录以下数据，填好表 4。

（2）观察数据，你能得出什么结论？

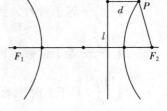

图 4

表 4

$\lvert PF_2 \rvert$	d	$\dfrac{\lvert PF_2 \rvert}{d}$

利用《几何画板》软件，由学生操作，拖动点 P，完成填表，并归纳出：

"$\dfrac{|PF_2|}{d}$等于常数，且大于 1"。

（七）实验 5

如图 5，已知一动圆 P 恒过定点 F，且与定直线 L 相切，d 为点 P 到直线 L 的距离，那么 d 与 $|PF|$ 有什么关系？反复拖动点 P，你观察到点 P 的轨迹是什么？

学生容易得出 $|PF| = d$，动点 P 的轨迹是抛物线的结论。

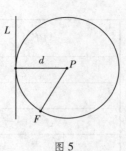

图 5

（八）类比与反思

问题 1：类比椭圆、双曲线的定义你能得出抛物线的定义吗？

引导学生类比椭圆、双曲线的定义并给出抛物线的定义："平面内到定点 F 的距离等于到定直线的距离的点的轨迹叫作抛物线"。

问题 2：对比实验 3、4、5，你发现了什么？

引导学生观察 $\dfrac{|PF_2|}{d}$ 的值，容易发现：

当 $\dfrac{|PF_2|}{d}$ 等于常数，且大于 0 小于 1 时，动点 P 的轨迹为椭圆；

当 $\dfrac{|PF_2|}{d}$ 等于常数，且大于 1 时，动点 P 的轨迹为双曲线；

当 $\dfrac{|PF|}{d}$ 等于 1 时，动点 P 的轨迹为抛物线。

反思这三种曲线是否能用一种统一的定义来描述？

请同学们课后思考这个问题。

（九）小结

通过实验，我们得出了椭圆、双曲线的定义，了解了椭圆、双曲线、抛物线三者之间的联系，体会了探究学习的方法。

邓发纪念中学高一（3）—（4）班
研究性学习实施方案

广东省云浮市邓发纪念中学　林朝冰

为了更好贯彻实施素质教育，培养学生的创新精神和实践能力，顺应教育改革的大趋势，有必要改进我们的教学方式和学生的学习方法。基于此，我制定了本方案。

一、课题名称

函数在生产生活中的应用调查。

二、课题目的

（1）获得亲身参与研究探索的体验；

（2）培养发现问题和解决的能力；

（3）培养收集、分析和利用信息的能力；

（4）学会合作与分享；

（5）培养科学态度和科学道德；

（6）培养对社会的责任心和使命感。

由于高一学生首次接触研究性学习，所以应以起始目标为主，适当降低要求。

三、课题研究活动安排

1. 课题的引入和提出

高一数学刚刚学习了函数这一内容，函数的应用非常广泛，在实际生活和生产中，常遇到量与量之间的函数关系。例如，自然界中，温度随着时间的变化而变化；我们邓中的毕业生人数随着年份的变化而不断壮大等。那么在实际生活和生产中还有哪些方面应用到了函数呢？我们能否应用函数的知识去研究分析一些实际问题呢？通过这些问题，引导学生选定了"函数在生产生活中的应用调查"这一课题。

2. 根据学生的兴趣和爱好分组

由于学生的兴趣和爱好不同，为了体现学生的个性（这也是研究性学习的目的之一）按学生的兴趣和爱好自由分组。

3. 各小组选定课题

在此过程中教师应引导、指导学生通过讨论选定课题，制定研究方案并讨论方案的可行性，进一步完善研究方案，经过大家积极地讨论，共选定了下列十二个课题：

（1）《关于乙肝的防治和建议》调查人：宋瑾等。

（2）《云浮市环境状况调查及环境保护建议》调查人：莫国光等。

（3）《关于全国足球彩票发行情况的调查》调查人：梁邦毅等。

（4）《眼镜的销售与近视率的相关调查》调查人：陈演丽等。

（5）《邮票发行量的调查及集邮的意义》调查人：刘鉴洪等。

（6）《关于云浮市石材业前景探讨》调查人：王元林等。

（7）《关于云浮市柑橘生产情况调查》调查人：邓东岳等6位同学。

（8）《东菱集团与"WTO"》调查人：余竞勇等6名同学。

（9）《电厂发电量与煤耗的关系》调查人：邓丽英等8名同学。

（10）《云浮市交通事故调查》调查人：卢展鹏等8名同学。

（11）《关于电器的销售情况调查）调查人：岑闻文等9名同学。

（12）《银行贷款情况调查》调查人：王进朝等12名同学。

4. 集中学习搜集信息、处理信息的方法

由教师指导学生集中学习搜集信息、处理信息的方法。

（1）建立函数模型，并利用此模型进行预测。

（2）图表法。

（3）综合法。

（4）访问法。

学习怎样设计采访问题、怎样才能得到帮助。

5. **实地考察**

各小组独立选定采访单位或个人。教师应要求各小组结伴而行，注意安全，注意文明礼貌。

6. **数据分析**

指导学生通过讨论、计算、图表等方法分析所得到的数据，得出自己独特的见解。

7. **形成报告**

8. **预期成果**

（1）通过这一活动使学生初步学会了解社会、面对社会；学会与人交流、与人合作。

（2）通过这一活动使学生初步学会应用所学知识去研究分析一些实际问题。

（3）通过这一活动使学生初步学会收集、分析和利用信息。

（4）通过这一活动培养学生的科学态度和学习态度。

（5）通过这一活动提高学生学习兴趣和学习热情。

学生研究性学习报告

广东省云浮市邓发纪念中学　林朝冰

关于肝病的防治与建议

参考资料：

（1）《医用百科全科》。

（2）《医术词典》。

（3）《人与自然》。

一、问题提出

近段时间，老师要求学生注射防乙肝疫苗，通过老师介绍，我们初步认识到乙肝是一种发病率极高的传染性疾病，在我国普遍存在，相对广东省其他城市而言，云浮市可以算是乙肝患病率较高的地区。乙肝肆虐激起了我们探究什么是引起乙肝的原因及其防治方法的强烈愿望。在老师的指导下及有关部门的支持下，我们高一（4）班——扬帆组，进行了一次实地考察研究活动。

二、研究目的

进一步了解乙肝这一人类健康的杀手，增强人们对乙肝病毒的认识，从而提高人们自我保健意识。同时在这一系列社会实践中，提高我们分析和解决问题的能力。

三、研究过程

1. 出发之前的准备

我们是利用假期进行课题实践研究，为了能有十足的把握打响我们社会实践的头一炮，使我们的辛劳获得成功的回报，出发前，我们做出了充分准备。

出发前我们为了进一步了解关于乙肝方面的内容，就在空余时间到阅览室阅读有关乙肝病毒的知识，为我们实践作备用，并做好分工。

2. 调查过程

我们整个采访主要是搜集数据，为报告做准备。到达人民医院以后，我们再一次明确自己此行的任务、目的和各自的工作，于是我们走进医院大楼，然而任何事都不是一帆风顺的，迎面而来的第一个困难就是：我们应该找谁采访，谁能帮助我们，面对着眼前来往的医护人士，我们竟然是手足无措，但是，困难总是和解决困难的条件一同产生。在我们手足无措之际，得到医院宋教授的热情帮助，于是我们就我们的课题对宋教授进行了采访。

四、问题分析

1. 查阅有关文献，从基本上认识肝脏

肝——消化器官之一，位于肺部以下，腹腔内右上部，分为两叶，其功能主要有分泌胆汁储藏动物淀粉，调节蛋白质、脂肪和碳水化合物的新陈代谢等，还有解毒、造血和凝血作用，也叫肝脏。

肝脏同心脏不同，因为肝脏的表层是由表皮组织组成（近似于皮肤的表皮细胞），表皮组织的抗病毒能力较弱，容易被病毒侵入，其最突出的疾病有肝炎，无法医治的有肝癌。

英国的生物学家对肝脏的作用进行了一系列的实验，他们把癌细胞注射入鲨鱼体内，却发现鲨鱼依然健康，好像只经历了一场感冒，科学家们经过解剖，惊奇地发现鲨鱼的肝脏竟然占身体的1/3。在这个巨大的过滤器的作用下，癌细胞被轻易地消灭了。

2. 访问有关人士，从基本上认识乙肝—肝炎—肝硬化—肝癌

乙肝是肝病中最经典的一种，它在我国的影响也是较为普遍的。

（1）乙肝的性质及特点、种类：乙肝是一种具有极强隐患性和传染性的疾病。它分为慢性乙肝和急性乙肝。相对于急性乙肝来说，慢性乙肝更具有潜伏性，其转化为肝炎的发病率更高。

如果乙肝从肝炎过渡为肝硬化，就必定会转化为肝癌，这样后果将不堪设想。

过程如下：

乙肝（无症状）——→肝炎（对油腻食品有恶心、呕吐）——→肝硬化（患者脸发黄、眼珠变黄）——→肝癌。

（2）肝炎的传染原因。肝炎可以算得上是患重病的祸根，所以我们特别关注其传染原因。在云浮地区，被传染的主要原因是与乙肝带毒者的密切接触。

（3）如何传播。传播是病源通过传播媒介，把病毒传给易感人群，其传播途径有病人的唾液、排泄物，或吃饭时通过碗筷传播。

3. 本市肝病例现状分析

据调查，云浮市相对于广东省，甚至全国的其他城市来说，是乙肝的高发区，通过咨询，我们还得到以下一组数据（见表1）：

表1　肝炎和肝硬化数据（1995—2000 年）

	1995 年	1996 年	1997 年	1998 年	1999 年	2000 年
肝炎	76	69	60	64	70	70
肝硬化	48	51	44	30	38	38

由所得数据我们绘制出图 1：

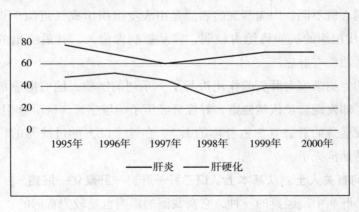

图 1　肝炎和肝硬化数据（1995—2000 年）数据绘制图

通过图像我们可以看出：患肝炎和肝硬化的人数分别在 70 和 40 上下呈周期性波动，其周期为 4—5 年。我们据此推测今、明两年应为发病的高峰期，所以希望大家做好预防措施。

4. 根据有关资料，找到预防乙肝的基本措施

（1）避免与乙肝患者接触，如果家中有乙肝病毒患者，应为其另设置碗

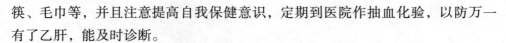

筷、毛巾等，并且注意提高自我保健意识，定期到医院作抽血化验，以防万一有了乙肝，能及时诊断。

（2）疾病从小就要开始预防。作为青少年，应该及时注射乙肝疫苗（也就是接种）。

5. 给云浮市民的建议

经市民反映，有些乙肝患者，由于不知道或不愿意被他人知道自己有乙肝，而与身边的大量人群接触，从而使传染面积不断扩大。市民应自觉提高自身健康意识及生活素质水平，才能从根本上减少乙肝的影响。

五、心得体会

这次活动中最值得我自豪的是我们组的合作精神。

——廖荣瑜

这次课外活动，使我增益不少，增长了我的见识，使我胆量变大了，也使我的社会活动能力提高了。

——刘水娣

这一次活动接受了冰与火的考验，也使我懂得了社会实践的重要性，虽然辛苦，但也值得。

——林志远

这次实践加深了我对社会的了解，获得前所未有的收获，总的来说，大丰收了。

——徐洁亭

通过这次社会实践，我面向社会，但最重要的是我得到了友情，学会了配合，体会到团结就是力量。

——宋　瑾

这次活动，我学会了与人相处，获得了友谊和情感、体会。

——梁小敏

这次活动，虽然遇到困难，但有团结精神，迎难而上，自然会成功。

——区志成

多参加社会实践活动，认识社会，提高自己的社会活动能力。

——谢火珍

受访人：宋耀明医生

邮票发行量的调查及集邮的意义

一、课题背景

新世纪，信息技术突飞猛进，通信方式日新月异，利用信件通信的人数日益减少。另外，我们班上好一部分同学有集邮的兴趣。因此，我们几个集邮爱好者组成了课题小组，开始探讨以下问题：信件的减少是否关系到邮票的发行？集邮会不会影响邮票发行？集邮有何积极意义？在老师的指导下，我们开始了专题性调查活动。

二、课题目的

（1）认识和了解邮票发行的有关问题，懂得集邮的意义。

（2）增强研究实践活动能力。

（3）学会合作学会学习。

三、研究课题方法

（1）研究邮票的发行问题，需要了解很多与此相关的资料，于是我们访问了邮电大厦集邮公司的经理。

（2）为了更好发挥合作的力量，我们采取了对获得资料集体研究讨论的方法开展课题活动。

四、课题研究的时间、地点和人员

（1）时间：2001 年 11 月底至 12 月初。

（2）地点：邓中，邮电大厦。

（3）人员：云浮市邓发纪念中学高中集邮小组。

学生：刘鉴洪　陆飞雄　廖志群　曾卓芬　李志刚　游洁莲　何婉玲　陈晓涛　陈宪旅　罗浩东　黎玲姬等。

指导老师：林朝冰。

五、调查过程

调查之前，我们讨论准备了相关问题，如信件的减少是否关系到邮票发行？集邮会不会影响邮票发行？集邮有何积极意义？

带着这些问题我们决定走访邮电大厦。在大厦内，我们了解到调查邮票发行要找二楼的集邮公司。于是我们来到集邮公司办公室，我们很有礼貌地出示我们的身份且说出了我们的调查目的。经理十分热情地招待了我们，回答了我们详细的访问。而且向我们详细介绍了关于邮票发行和集邮的知识，使我们取得了好一些可靠的资料。

走访回来后，我们分工协作，对得到的资料进行了讨论并整理分析，写成报告。

六、调查结果分析

1. 邮票发行量与集邮人数的关系（见表2、图2、表3、图3）

表2 我国近几年邮票发行量（单位：枚）

	1998 年	1999 年	2000 年	2001 年
发行量	5000 万	2500 万	2000 万	1700 万

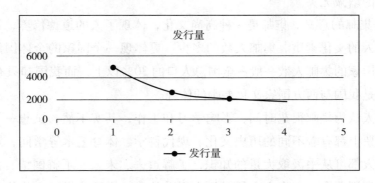

图 2 发行量

表3 我市近几年集邮会员人数（单位：人）

年份	1997 年	1998 年	1999 年	2000 年	2001 年
云浮市集邮人数	800	780	720	680	650

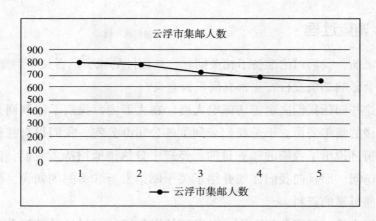

图 3　云浮市集邮人数绘制图

由以上两表的内容，结合我们采访得来的资料，得出以下两点：

（1）我国邮票发行量逐年减少，而 1998 年又是发行最高峰（表 1）；我市集邮会员人数也呈下降趋势。为什么会出现这种现象呢？主要是因为 1997—1998 年邮票发行量大幅增加，1998 年竟达 5000 万枚，而我国集邮人数却只有 1000 多万人，于是造成发行过量。邮票贬值，集邮人数随即也就减少——因为好一部分集邮人士集邮的目的是在于邮票升值时能有点额外的收入。而集邮人数的减少又反过来影响邮票的发行，于是出现以上现象。由此可知，邮票发行量与信件的增减无关。

（2）集邮的意义。集邮是一种高尚文化，体现了人的道德修养，可陶冶性情，提高人的文化素质。集邮人数的多少，更体现一个国家的全体国民文化素质。西方国家的集邮人数一般占全国总人口的 30% 以上，而我国却只有 10% 左右，这就是我国与西方国家文化差距的体现。

很多人认为集邮很花时间，影响学习和工作，其实不然，试想一下，每一张不同邮票上都有着不同的历史文化、现代科学、体育艺术等学问，对集邮有所研究的人都可从中汲取大量的知识，了解过去、未来，了解国情、世界；而且集邮是利用课余、工作之余的时间来行动的。这样既能提高文化修养，又不占用正式时间的事情，又何来影响学习工作呢？

正是由于人们对集邮的认识不正确，没有真正认识到集邮的意义，只注重邮票能否升值，从而也就导致表中情况的出现。

2. 关于集邮的建议

集邮对我们有百利而无一害，而且关系国家的文化水平。因此，我们建议大家应正确认识集邮的意义，立刻行动，在集邮中提高自身文化素质、道德修养，在此基础上，集结力量不懈努力，提高国家的文化水平、综合国力。

七、收获体会

在调查研究活动开始时，大家全没经验，表现出手足无措，调查中碰到了胆怯、口齿不清等一系列困难，但我们发挥了艰苦奋斗、团结协作的精神，克服了种种困难。

通过这次调查研究活动，我们获得一次亲身体验的机会，大大提高了实践能力，掌握了一些关于调查研究的基本方法，深深体会到团结合作的作用，同时，也大大增加了我们集邮的兴趣。

眼镜销售与近视率的相关调查

一、课题背景

在当今社会，随着社会发展，眼镜公司越来越多，且生意也蒸蒸日上，这表明近视的人数越来越多。

针对上述现象，我们产生了疑问。在社会上到底有多少人患了近视，每月的近视人数又能达到多少，近视率又是多少，为什么会有那么多人患上近视呢？

就这样，我们在老师的指导下，开始了我们的专题性调查活动。

二、课题目的

通过调查研究，了解造成近视的原因，认识近视对人们的影响，总结保护眼睛的方法，同时了解社会的近视率的趋势等。

三、课题研究过程

由于大众眼镜公司是我市最受欢迎的眼镜公司，于是我们决定到该公司调查一下该公司近一年来的销售以作为我们调查的资料，经过调查，得到了一些相关数据（见表 4、图 4、图 5）。

表4　眼镜销售表

月份	1	2	3	4	5	6	7	8	9	10
数量（副）	1700	1850	1100	950	1300	1000	900	1800	1200	850

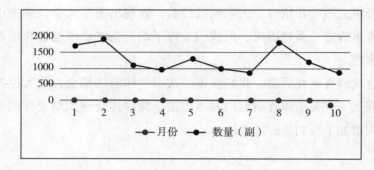

图4　1—10月份销售量

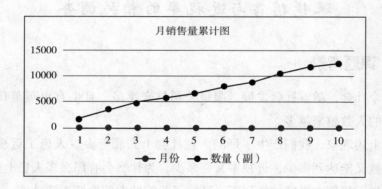

图5　月销售量累计图

四、课题结果与分析

从表4可以看到，仅在一间眼镜公司里每月都有几百到一千多人配眼镜，由此可想而知，在我市甚至全国，每年将有多少人患上近视，我们访问了该公司的主管。

组员：请问贵公司的生意是否一直都那么好？

主管：你们都可以从数据看出，每月至少都有几百人到这里配眼镜。

组员：请问到贵公司配眼镜的多数是什么人？

主管：多数是你们这些中学生。

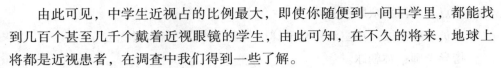

由此可见，中学生近视占的比例最大，即使你随便到一间中学里，都能找到几百个甚至几千个戴着近视眼镜的学生，由此可知，在不久的将来，地球上将都是近视患者，在调查中我们得到一些了解。

1. 近视原因

随着社会的进步，人们的生活水平也有所提高，几乎每个家庭都买了电视，甚至是电脑，它们都成了我们娱乐的主要来源，但过长时间地看电视和玩电脑会使我们的眼睛遭到损害，感到疲劳，久而久之，便成了近视。另外，一些人是由于学习和工作紧张，一些工作人员经常熬夜，使眼睛得不到正常休息，也会使人患上近视；中学生的学习十分紧张，每天都要应付繁忙的学习，看书时间过长等，很快便会患上近视；还有一些是先天性的近视，是不可避免的。

2. 近视的相关知识

近视可以分为假性近视和真性近视，如果觉得自己的眼睛一时看得清楚，一时模糊，这时就是假近视，要注意好保养，保养不好就会变为真近视。真近视后，也得保养好，度数才不会加深。一些人喜欢戴隐形眼镜，但要注意，有沙眼等眼病的切记不能戴；近视者可以到药店里买一些眼药水，它们可以舒缓眼睛的疲劳，使度数不易加深。看书或电视等，每隔 1 小时要休息 10 分钟左右，使眼睛放松一下。

3. 如何预防近视

（1）常做眼保健操。

（2）不要使眼睛过于疲劳。

（3）注意清洁眼睛，不要用脏手去揉。

（4）让眼睛有足够的休息时间。

（5）看书时要保持正确姿势。

五、感想

这一次课题，使我们能亲身接触到社会，体会到社会的生活，使我们增长了见识，提高了社会的活动能力，体验到走进社会的乐趣，也为我们将来走进社会打下了基础。

六、课题研究的时间、地点和人员

时间：2001 年 11 月 26 日。

地点：云浮大众眼镜公司。

人员：陈演丽　苏雪清　夏玉婵　黄金飞　钱三妹　林家立。

指导老师：林朝冰。

下 篇

工作室成员案例成果集

小组合作学习，层层突破难点

广东省云浮市邓发纪念中学　汪宏亮

2012 年开始我实行小组合作学习的班级管理和教学尝试；发挥小组内合作，小组间竞争，学生自主解决问题的学习方式，取得了不错的效果。减少了同学们难题一味依赖老师的状况，形成了自主探究，层层突破的新局面。在此以小组合作，研究 2013 年新课标全国卷 I 理科第 16 题解题过程为例进行说明。

考题：（13 新课标 I 理 16）若函数 $f(x) = (1 - x^2)(x^2 + ax + b)$ 的图像关于直线 $x = -2$ 对称，则 $f(x)$ 的最大值是_____。（均分：0.08）

这一道考题是我所了解到的有得分记录的考题中，得分最低的一道考题；当时我任教 2015 届理科实验高三（5）班，我在高三函数复习时，将这一道题作为选做题让有余力的同学课后自主探究。我把这道题摆放在函数类把关题的最后一道，言下之意，这道题是可以研究也是可以放弃研究的。当时这个班级我是从高一到高三一直任教和做班主任的班级。在我的引导下，学生们比较早开始实行分组合作学习生活的实践，对于习题讲评课我分为"学习超市"——小组内商讨解决简单易错题，"经验分享"——对于错得比较多的题安排小组代表或数学兴趣组同学上黑板解决，以及"难点挑战"——对于只有一两个同学能够弄明白的题，由这一两个同学写到课室后面的黑板上，愿意了解的同学自愿去询问。整个过程，教师进行必要的总结和点评，对于重点和难点进行及时的梳理和总结。经过一个晚上的自主探究，当时班上有一个组的同学想到了思路一和解法一的分析解决办法。

【思路一】

第一步：利用 -1，1 是方程 $f(x) = 0$ 的根，同时 $y = f(x)$ 图像关于直线 $x = -2$ 对称，则有 -3，-5 是方程 $f(x) = 0$ 的根，列方程求解析式。

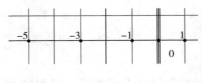

图1

第二步：利用导数求函数最值。

解法一： 由 $f(x)$ 图像关于直线 $x=-2$ 对称，则

$0=f(-1)=f(-3)=[1-(-3)^2][(-3)^2-3a+b]$，

$0=f(1)=f(-5)=[1-(-5)^2][(-5)^2-5a+b]$，解得 $a=8$，$b=15$，

∴ $f(x)=(1-x^2)(x^2+8x+15)$，

∴ $f'(x)=-2x(x^2+8x+15)+(1-x^2)(2x+8)=-4(x^3+6x^2+7x-2)$

$=-4(x+2)(x+2+\sqrt{5})(x+2-\sqrt{5})$.

当 $x\in(-\infty,-2-\sqrt{5})\cup(-2,-2+\sqrt{5})$ 时，$f'(x)>0$，

当 $x\in(-2-\sqrt{5},-2)\cup(-2+\sqrt{5},+\infty)$ 时，$f'(x)<0$，

∴ $f(x)$ 在 $(-\infty,-2-\sqrt{5})$ 单调递增，在 $(-2-\sqrt{5},-2)$ 单调递减，

在 $(-2,-2+\sqrt{5})$ 单调递增，在 $(-2+\sqrt{5},+\infty)$ 单调递减，

故当 $x=-2-\sqrt{5}$ 和 $x=-2+\sqrt{5}$ 时取极大值，$f(-2-\sqrt{5})=f(-2+\sqrt{5})=16$.

此种解决办法用方程思想求解析式，导数求最值。思路简单运算偏大。尤其方程组不容易列，没信心解；导数复杂，三次方程求根不熟悉；极值点难求，极值难算。大家统一的思想是：寻求求解析式和求最值两个方面的简便方法。

经过课后的讨论研究，另一个小组的同学利用函数的奇偶性，提出了思路二和解法二的分析解决办法。

【思路二】

第一步：利用 $y=f(x)$ 图像关于直线 $x=-2$ 对称，从而

$y=f(x-2)$ 是偶函数，求解析式。

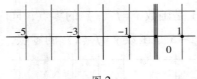

图2

第二步：同【解法一】。

解法二： 依题意，$f(x-2)$ 为偶函数，

而 $f(x-2) = (-x^2 + 4x - 3)\left[x^2 + (a-4)x + 4 - 2a + b\right]$,

展开式中 x^3 的系数为 $8 - a$, 故 $a = 8$, x 的系数为 $28 + 4b - 11a$, 故 $b = 15$. 以下同解法一。

显然，解法二利用函数奇偶性求解析式一定程度上有所简化，但是没有从根本上解决此题难想到、难运算的问题；课后大家都觉得此题无论求解析式和求最值还有比较大的完善地方。后来有一个小组同学通过课后钻研，进一步优化了求解析式的过程即思路三和解法三的分析解决办法。

【思路三】

第一步：利用 -1, 1 是函数 $y = f(x)$ 的零点，同时 $y = f(x)$ 图像关于直线 $x = -2$ 对称，有 -3, -5 是函数 $y = f(x)$ 的零点，直接确定解析式。

图 3

第二步：利用导数求函数最值。

解法三：由 $f(x)$ 图像关于直线 $x = -2$ 对称，且易知 $f(x)$ 有零点 -1, 1, 从而必有零点 -3, -5, 从而 $f(x) = (1 - x^2)(x + 3)(x + 5)$, 从而降低了解析式求解的难度，对于填空题而言不失为一种创新性的解决办法。以下求最值同解法一。

对于这个利用函数零点性质求解析式的方法的改进大家欢欣鼓舞，不过大家还是觉得美中不足，求最值利用导数法，出现了三次导函数，这是我们平时不多见，甚至认为超纲的做法，实践考试中几乎没有谁愿意实现下去。后来经过一段时间的钻研，又有另一个组同学提出了能够优化求最值的【思路四】和解法四的分析解决办法。

【思路四】

第一步：利用 -1, 1 是函数 $y = f(x)$ 的零点，同时 $y = f(x)$ 图像关于直线 $x = -2$ 对称，有 -3, -5 是函数 $y = f(x)$ 的零点，直接确定解析式。

图 4

第二步：利用四次函数转化成二次函数求函数最值。

解法四： $f(x) = (1-x)(x+1)(x+3)(x+5)$

$\qquad = (1-x)(x+5)(x+1)(x+3)$

$\qquad = -(x^2+4x-5)(x^2+4x+3)$

令 $t = x^2+4x$，$(t \in [-4, +\infty))$

$\qquad = -(t-5)(t+3)$，

显然，当 $t=1$ 时，函数取得最大值 16。

这样方法"函数零点性质求解析式，换元降次求最值"使解题过程进一步得到改进，大家形成共识，高考重点"四次式"只要转化成"二次式"我们就会领略到"山重水复疑无路，柳暗花明又一村"的境界，导数的工具作用都可以不要了。同学们充满高兴，充满兴奋，对于提出这种解法的小组同学们大加赞赏，似乎这已经是最完美的解法了。

不过，没过多久，又有一个小组同学提出了这样一个问题：我把函数图像左右平移一下，函数最值应该不会发生改变，而求解过程却可以更加简单起来。这样就有了后来的【思路五】和解法五的分析解决办法。

【思路五】

第一步：利用 -1，1 是函数 $y=f(x)$ 的零点，同时 $y=f(x)$ 图像关于直线 $x=-2$ 对称，有 -3，-5 是函数 $y=f(x)$ 的零点，直接确定解析式。

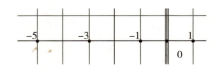

图 5

第二步：利用 $y=f(x)$ 与 $y=f(x-2)$ 有相同的最值来求函数 $y=f(x)$ 的最值。

解法五：

将 $f(x) = (1-x)(x+1)(x+3)(x+5)$ 图像向右平移 2 个单位，

我们研究 $g(x) = -(x+3)(x+1)(x-1)(x-3)$ 的最值即可，

$g(x) = -(x^2-1)(x^2-9)$，显然当 $x^2=5$ 时，$g(x)$ 有最大值 16，从而 $f(x)$ 的最大值也为 16。

显然，利用函数零点性质求解析式，运用左右平移函数图像关系以及换元降次求最值，运算量急剧减少。

　　这是我们在将近两个星期的时间内，感受到的在小组合作模式下，一群对数学完全出自喜欢和完善之心的同学的付出和收获。对于培优辅差，因材施教教学模式，我们完全可以利用小组合作的学习方式来进行，小组合作学习充分激发每一个同学的热情，让每一个同学成为学习者、主动发现者，学习的能力得到最大限度的锻炼；让数学学习之花，在求真、求美过程之中得到绽放！

一个分式不等式的上下界探究

广东省云浮市邓发纪念中学　丁胜锋

对正数 x，y，z，记 $f(x, y, z) = \dfrac{x}{x+yz} + \dfrac{y}{y+zx} + \dfrac{z}{z+xy}$　　　　　(1)

陕西咸阳市中学特级教师安振平老师在《二十六个优美不等式》① 一文中，提出了 26 个优美不等式并给予了证明，其中第五个分式不等式为：设正数 x，y，z 满足 x + y + z = 1，则有 f (x，y，z) $\leqslant \dfrac{9}{4}$. 何业亮在《第五个优美不等式的一种简洁证法》② 一文中给出了第五个不等式简洁证明，陈文中，陈宇在《第五个优美不等式的更简洁证明》③ 给出了此不等式的更简洁证明，注意到不等式（1）中 f (x，y，z) 不是变量 x，y，z 的齐次式。沈兵，陈罗英在《第五个优美不等式的加强及下界探究》一文中对第五个优美不等式的加强及下界进行了探究，并建立了如下结果：

设 $\lambda > 0$，正数 x，y，z 满足 $x + y + z = \lambda$，则当 $0 < \lambda < 1$ 时，有

$$\frac{3}{3+\lambda} < f(x, y, z) < \frac{9}{4\lambda};\qquad\qquad(2)$$

当 $\lambda \geqslant 1$ 时，$\dfrac{3}{3+\lambda} < f(x, y, z) \leqslant \dfrac{9}{4}$. 计算表明当 $0 < \lambda < 1$ 时，$f(x, y, z)$ 接近不了（2）中的上下界，因此找到 $f(x, y, z)$ 关于 $\lambda > 0$ 的上下确界是值得讨论的问题。

---

① 何业亮. 第五个优美不等式的一种简洁证法 [J]. 中学数学研究，2018（5）.

② 陈文中，陈宇. 第五个优美不等式的更简洁证明 [J]. 中学数学研究，2018（11）.

③ 沈兵，陈罗英. 第五个优美不等式的加强及下界探究 [J]. 中学数学研究，2018（12）.

本文证明如下两个结论：（I）设 $0 < \lambda \leqslant \dfrac{3}{2}$，正数 x，y，z 满足 $x + y + z = \lambda$，则 $\dfrac{x}{x+yz} + \dfrac{y}{y+zx} + \dfrac{z}{z+xy} \leqslant \dfrac{9}{3+\lambda}$；（II）设 $0 < \lambda \leqslant 1$，正数 x，y，z 满足 $x + y + z = \lambda$，则 $\dfrac{x}{x+yz} + \dfrac{y}{y+zx} + \dfrac{z}{z+xy} > 2$. 由此得到当 $0 < \lambda \leqslant 1$ 时的不等式

$$2 < \dfrac{x}{x+yz} + \dfrac{y}{y+zx} + \dfrac{z}{z+xy} \leqslant \dfrac{9}{3+\lambda}, \tag{3}$$

其中常数 2 和 $\dfrac{9}{3+\lambda}$ 都是最佳的。

证明结论（I）：利用 $\dfrac{x}{x+yz} = 1 - \dfrac{yz}{x+yz} = 1 - \dfrac{\dfrac{yz}{x}}{1+\dfrac{yz}{x}}$ 得

$$\dfrac{x}{x+yz} + \dfrac{y}{y+zx} + \dfrac{z}{z+xy} = 3 - \left(\dfrac{\dfrac{yz}{x}}{1+\dfrac{yz}{x}} + \dfrac{\dfrac{zx}{y}}{1+\dfrac{zx}{y}} + \dfrac{\dfrac{xy}{z}}{1+\dfrac{xy}{z}} \right). \tag{4}$$

利用 Cauchy – Schwarz 不等式得，

$$\dfrac{\dfrac{yz}{x}}{1+\dfrac{yz}{x}} + \dfrac{\dfrac{zx}{y}}{1+\dfrac{zx}{y}} + \dfrac{\dfrac{xy}{z}}{1+\dfrac{xy}{z}} \geqslant \dfrac{\left(\sqrt{\dfrac{yz}{x}} + \sqrt{\dfrac{zx}{y}} + \sqrt{\dfrac{xy}{z}} \right)^2}{3 + \dfrac{yz}{x} + \dfrac{zx}{y} + \dfrac{xy}{z}}$$

$$= \dfrac{\dfrac{yz}{x} + \dfrac{zx}{y} + \dfrac{xy}{z} + 2(x+y+z)}{3 + \dfrac{yz}{x} + \dfrac{zx}{y} + \dfrac{xy}{z}} = \dfrac{2\lambda + \dfrac{yz}{x} + \dfrac{zx}{y} + \dfrac{xy}{z}}{3 + \dfrac{yz}{x} + \dfrac{zx}{y} + \dfrac{xy}{z}}.$$

讨论函数 $\dfrac{2\lambda+t}{3+t}$（$t > 0$），当 $0 < \lambda \leqslant \dfrac{3}{2}$ 时 $\left(\dfrac{2\lambda+t}{3+t} \right)' = \dfrac{3-2\lambda}{(3+t)^2} \geqslant 0$，即 $\dfrac{2\lambda+t}{3+t}$ 在区间 $0 < t < \infty$ 内是广义递增的函数，又因为

$$\dfrac{yz}{x} + \dfrac{zx}{y} + \dfrac{xy}{z} = xyz\left(\dfrac{1}{x^2} + \dfrac{1}{y^2} + \dfrac{1}{z^2} \right) \geqslant xyz\left(\dfrac{1}{xy} + \dfrac{1}{yz} + \dfrac{1}{zx} \right) = x+y+z = \lambda,$$

因此 $\dfrac{\dfrac{yz}{x}}{1+\dfrac{yz}{x}} + \dfrac{\dfrac{zx}{y}}{1+\dfrac{zx}{y}} + \dfrac{\dfrac{xy}{z}}{1+\dfrac{xy}{z}} \geqslant \dfrac{2\lambda + \dfrac{yz}{x} + \dfrac{zx}{y} + \dfrac{xy}{z}}{3 + \dfrac{yz}{x} + \dfrac{zx}{y} + \dfrac{xy}{z}} \geqslant \dfrac{2\lambda+\lambda}{3+\lambda} = \dfrac{3\lambda}{3+\lambda}$，代入（4）

中得到

$$\frac{x}{x+yz}+\frac{y}{y+zx}+\frac{z}{z+xy}=3-\left(\frac{\frac{yz}{x}}{1+\frac{yz}{x}}+\frac{\frac{zx}{y}}{1+\frac{zx}{y}}+\frac{\frac{xy}{z}}{1+\frac{xy}{z}}\right)\leq 3-\frac{3\lambda}{3+\lambda}=\frac{9}{3+\lambda},$$

当 $x=y=z=\dfrac{\lambda}{3}$ 时达到上界。

证明结论（Ⅱ）：当 $0<\lambda\leq 1$ 时，

$$\frac{yz}{x+yz}+\frac{zx}{y+zx}+\frac{xy}{z+xy}\leq\frac{yz}{\lambda x+yz}+\frac{zx}{\lambda y+zx}+\frac{xy}{\lambda z+xy}$$

$$=\frac{yz}{(x+y+z)\ x+yz}+\frac{zx}{(x+y+z)\ y+zx}+\frac{xy}{(x+y+z)\ z+xy}$$

$$=\frac{yz\ (y+z)\ +zx\ (z+x)\ +xy\ (x+y)}{(x+y)\ (y+z)\ (z+x)}=\frac{x^2y+xy^2+y^2z+yz^2+z^2x+x^2z}{x^2y+xy^2+y^2z+yz^2+z^2x+xz^2+2xyz}<1,$$

因此 $\dfrac{x}{x+yz}+\dfrac{y}{y+zx}+\dfrac{z}{z+xy}=3-\left(\dfrac{yz}{x+yz}+\dfrac{zx}{y+zx}+\dfrac{xy}{z+xy}\right)>2.$ 当 x，y，z 中有

一个变量趋于零，而另两个趋于非零数（例如：x 和 y 都趋于 $\dfrac{\lambda}{2}$，而 z 趋于 0），

则 $\dfrac{x}{x+yz}+\dfrac{y}{y+zx}+\dfrac{z}{z+xy}$ 趋于 2，因此下界 2 也是最佳的。

当 $\lambda>\dfrac{3}{2}$ 时，对满足 $x+y+z=\lambda$ 的正数 x，y，z，表达式 $f\ (x，y，z)$ 在临

界边上（即 x，y，z 中有一个变量趋于零，而另两个趋于非零数）的值为 2，在

中心点 $x=y=z=\lambda/3$ 的值为 $\dfrac{9}{3+\lambda}$，它小于 2. 这表明当 $\lambda>1$ 时，$f\ (x，y，z)$

的上下确界会发生改变，本文不再做进一步讨论，感兴趣的读者可以自行研究。

由一道课本习题引发的探究

广东省云浮市邓发纪念中学　廖克锋

笔者从普通高中课程标准实验教科书数学选修 $2-1$（人教 A 版）第 73 页习题 2。4A 组第 6 题出发，进行了一系列的探究，从不同的层面和角度把这道题进行拓展引申，得到了一些重要的结论。

原题目再现：

如图 1 所示，直线 $y = x - 2$ 与抛物线 $y^2 = 2x$ 相交于 A，B 两点，求证：$OA \perp OB.$ ①

（等价命题：已知直线 $y = x - 2$ 与抛物线 $y^2 = 2x$ 相交于 A，B 两点，求证：以线段 AB 为直径的圆经过原点）

原命题的证明过程略。

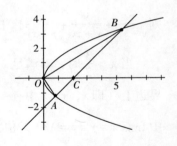

图1

探究一：

是否存在其他直线与直线 $y = x - 2$ 一样有类似的结论？

若有，这些直线有何共同特征？

探究过程：

根据抛物线关于 x 轴对称可以得出结论：

满足条件的直线必过抛物线对称轴上同一个点。

$\because$ 直线 $y = x - 2$ 与 x 轴交于点 C（2，0），

设经过点 C（2，0）的直线 l 的方程为 $x = ty + 2$，设直线 l 与抛物线 $y^2 = 2x$

① 　刘绍学．普通高中课程标准实验教科书数学选修 $2 - 1$（A 版）［M］．北京：人民教育出版社，2007.

相交于 M （x_1，y_1），N （x_2，y_2） 两点，则 $\overrightarrow{OM}$ = （x_1，y_1），$\overrightarrow{ON}$ = （x_2，y_2）．

由 $\begin{cases} x = ty + 2 \\ y^2 = 2x \end{cases} \Rightarrow y^2 - 2ty - 4 = 0$，$\therefore \Delta > 0$，且 $\begin{cases} y_1 + y_2 = 2t, \\ y_1 \cdot y_2 = -4, \end{cases}$

$\therefore x_1 \cdot x_2 = （ty_1 + 2） \cdot （ty_2 + 2） = t^2 y_1 y_2 + 2t （y_1 + y_2） + 4 = 4$，

$\therefore \overrightarrow{OM} \cdot \overrightarrow{ON} = x_1 x_2 + y_1 y_2 = 4 - 4 = 0$，$\therefore \overrightarrow{OM} \perp \overrightarrow{ON}$，即 $OM \perp ON$．

结论 1：经过点 C （2，0） 且斜率不为 0 的直线与抛物线 $y^2 = 2x$ 相交于 M，N 两点，则 $OM \perp ON$．

探究二：

结论 1 具有一般性吗？即是否存在经过抛物线的对称轴上某个定点且斜率不为 0 的直线与抛物线 $y^2 = 2px$ （$p > 0$） 相交于 M，N 两点，使得 $OM \perp ON$？

探究过程：

设经过定点 C （m，0） 的直线 l：$x = ty + m$ 与抛物线 $y^2 = 2px$ （$p > 0$） 交于 M，N 两点，设 M （x_1，y_1），N （x_2，y_2），则 $\overrightarrow{OM}$ = （x_1，y_1），$\overrightarrow{ON}$ = （x_2，y_2）．

由 $\begin{cases} x = ty + m \\ y^2 = 2px \end{cases} \Rightarrow y^2 - 2pty - 2pm = 0$ （※），$\therefore \begin{cases} y_1 + y_2 = 2pt, \\ y_1 \cdot y_2 = -2pm, \end{cases}$

$\therefore x_1 \cdot x_2 = （ty_1 + m） \cdot （ty_2 + m） = t^2 y_1 y_2 + mt （y_1 + y_2） + m^2 = m^2$，

$\therefore$ 当 $\overrightarrow{OM} \cdot \overrightarrow{ON} = x_1 x_2 + y_1 y_2 = m^2 - 2pm = 0$，即 $m = 2p$ 时，$OM \perp ON$，

经检验 $m = 2p$ 满足 （※） 式中 $\Delta > 0$，符合题意。

从而得到下面的结论：

定理 1： 经过定点 （$2p$，0） 且斜率不为 0 的直线与抛物线 $y^2 = 2px$ （$p > 0$） 相交于 M，N 两点，则 $OM \perp ON$．

探究三：

定理 1 的逆命题成立吗？即已知 M，N 是抛物线 $y^2 = 2px$ （$p > 0$） 上异于原点的任两个点且 $OM \perp ON$，则直线 MN 是否经过定点 （$2p$，0）？

探究过程：

设直线 MN 的方程为：$x = ty + m$ 与抛物线 $y^2 = 2px$ （$p > 0$） 交于 M，N 两点，则设 M （x_1，y_1），N （x_2，y_2），则 $\overrightarrow{OM}$ = （x_1，y_1），$\overrightarrow{ON}$ = （x_2，y_2），

由 $\begin{cases} x = ty + m \\ y^2 = 2px \end{cases} \Rightarrow y^2 - 2pty - 2pm = 0$ （※），$\therefore \begin{cases} y_1 + y_2 = 2pt, \\ y_1 \cdot y_2 = -2pm, \end{cases}$

$\therefore x_1 \cdot x_2 = （ty_1 + m） \cdot （ty_2 + m） = t^2 y_1 y_2 + mt （y_1 + y_2） + m^2 = m^2$．

$\because OM \perp ON$，$\therefore \overrightarrow{OM} \cdot \overrightarrow{ON} = x_1 x_2 + y_1 y_2 = m^2 - 2pm = 0$，$\therefore m = 2p$，

经检验 $m = 2p$ 满足 （※）式中 $\Delta > 0$，符合题意。

∴ 直线 MN 的方程为：$x = ty + 2p$，显然该直线经过定点 $(2p, 0)$.

定理 2：已知 M，N 是抛物线 $y^2 = 2px$ $(p > 0)$ 上异于原点的任两个动点，且 $OM \perp ON$，则直线 MN 必经过定点 $(2p, 0)$.

继续进行一般性探究：

探究四：

设点 P (x_0, y_0) 是抛物线 $y^2 = 2px$ $(p > 0)$ 上的任意一个定点，M，N 是该抛物线上异于 P 点的任两个动点，且 $PM \perp PN$，则直线 MN 是否经过定点？

探究过程：

设 M (x_1, y_1)，N (x_2, y_2)，设直线 MN 的方程为：$x = ty + m$，

则由 $\begin{cases} x = ty + m \\ y^2 = 2px \end{cases} \Rightarrow y^2 - 2pty - 2pm = 0$ （※），∴ $\begin{cases} y_1 + y_2 = 2pt, \\ y_1 \cdot y_2 = -2pm, \end{cases}$

∴ 由 $PM \perp PN$ 得，$\overrightarrow{PM} \cdot \overrightarrow{PN} = (x_1 - x_0)(x_2 - x_0) + (y_1 - y_0)(y_2 - y_0) = 0$，

即 $\left(\dfrac{y_1^2}{2p} - x_0\right)\left(\dfrac{y_2^2}{2p} - x_0\right) + (y_1 - y_0)(y_2 - y_0) = 0$，两边同乘以 $4p^2$，

得 $(y_1^2 - 2px_0)(y_2^2 - 2px_0) + 4p^2(y_1 - y_0)(y_2 - y_0) = 0$，

即 $(y_1^2 - y_0^2)(y_2^2 - y_0^2) + 4p^2(y_1 - y_0)(y_2 - y_0) = 0$，

即 $(y_1 + y_0)(y_2 + y_0) + 4p^2 = 0$，即 $y_1 y_2 + y_0(y_1 + y_2) + y_0^2 + 4p^2 = 0$，

∴ $2pm = 2pty_0 + y_0^2 + 4p^2 = 0$，∴ $m = ty_0 + \dfrac{y_0^2}{2p} + 2p = ty_0 + x_0 + 2p$，

∴ 直线 MN 的方程为：$x = ty + ty_0 + x_0 + 2p = t(y + y_0) + x_0 + 2p$，

显然该直线经过定点 $(x_0 + 2p, -y_0)$.

从而得到下面的结论：

定理 3：设点 P (x_0, y_0) 是抛物线 $y^2 = 2px$ $(p > 0)$ 上的任意一个定点，M，N 是该抛物线上异于 P 点的任两个点，且 $PM \perp PN$，则直线 MN 经过定点 $(x_0 + 2p, -y_0)$.

（以抛物线上定点 P (x_0, y_0) 为直角顶点的抛物线内接直角三角形的斜边必过定点①）

---

① 闻杰. 神奇的圆锥曲线与解题秘诀 [M]. 浙江：浙江大学出版社，2013.

探究五：

设点 P（x_0，y_0）是抛物线 $y^2 = 2px$（$p > 0$）上的任意一个定点，M，N 是该抛物线上异于 P 点的任两个点，且 $PM \perp PN$，求线段 MN 的中点 Q 的轨迹方程。

探究过程：

设 Q（x，y），M（x_1，y_1），N（x_2，y_2），则 $\begin{cases} x = \dfrac{x_1 + x_2}{2}, \\ y = \dfrac{y_1 + y_2}{2}. \end{cases}$

设直线 MN 的方程为：$x = ty + m$（$t \neq 0$），

则由 $\begin{cases} x = ty + m \\ y^2 = 2px \end{cases} \Rightarrow y^2 - 2pty - 2pm = 0$（※），$\therefore \begin{cases} y_1 + y_2 = 2pt, \\ y_1 \cdot y_2 = -2pm, \end{cases}$

$\therefore x_1 + x_2 = (ty_1 + m) + (ty_2 + m) = t(y_1 + y_2) + 2m = 2pt^2 + 2m$，

$\therefore \begin{cases} x = \dfrac{x_1 + x_2}{2} = pt^2 + m, \\ y = \dfrac{y_1 + y_2}{2} = pt, \end{cases}$ 　根据探究四，可得 $m = ty_0 + \dfrac{y_0^2}{2p} + 2p = ty_0 + x_0 + 2p$，

$\therefore \begin{cases} x = pt^2 + ty_0 + x_0 + 2p \\ y = pt \end{cases}$，消去非零变量 t 得，

$\left(y + \dfrac{1}{2}y_0 \right)^2 = p(x - x_0) + \dfrac{1}{4}y_0^2 - 2p^2$，

$\therefore MN$ 的中点 Q 的轨迹方程为 $\left(y + \dfrac{1}{2}y_0 \right)^2 = p(x - x_0) + \dfrac{1}{4}y_0^2 - 2p^2$，其图像是一条开口向右，顶点坐标为 $\left(x_0 + 2p^2 - \dfrac{1}{4}y_0^2, -\dfrac{1}{2}y_0 \right)$ 的抛物线，经检验，定理 3 中直线 MN 所经过的定点 $(x_0 + 2p, -y_0)$ 在该条抛物线上。

从而得到下面结论：

定理 4：设点 P（x_0，y_0）是抛物线 $y^2 = 2px$（$p > 0$）上的任意一个定点，M，N 是该抛物线上异于 P 点的任两个动点，且 $PM \perp PN$，则直线 MN 经过定点 $(x_0 + 2p, -y_0)$，且该定点在线段 MN 的中点所在的轨迹（是一条抛物线）上。

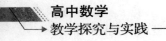

探究六：

通过类比探究，椭圆和双曲线上同样存在与定理 4 相似的结论：

（限于篇幅，定理 5 和定理 6 的证明请有兴趣的读者自行完成）

定理 5：设点 $P(x_0, y_0)$ 是椭圆 $\dfrac{x^2}{a^2} + \dfrac{y^2}{b^2} = 1$（$a > b > 0$）上的任意一个定点，$M$，$N$ 是该椭圆上异于 P 点的任两个点，且 $PM \perp PN$，则直线 MN 经过定点 $\left(\dfrac{a^2 - b^2}{a^2 + b^2} x_0, \ -\dfrac{a^2 - b^2}{a^2 + b^2} y_0 \right)$，且该定点在线段 MN 的中点所在的轨迹（一个椭圆）上。

定理 6：设点 $P(x_0, y_0)$ 是双曲线 $\dfrac{x^2}{a^2} - \dfrac{y^2}{b^2} = 1$（$a > 0$，$b > 0$）上的任意一个定点，$M$，$N$ 是该双曲线上异于 P 点的任两个动点，且 $PM \perp PN$，则直线 MN 经过定点 $\left(\dfrac{a^2 + b^2}{a^2 - b^2} x_0, \ -\dfrac{a^2 + b^2}{a^2 - b^2} y_0 \right)$，且该定点在线段 MN 的中点所在的轨迹（双曲线）上。

把定理 4、定理 5、定理 6 用统一形式描述，可得下面结论：

定理 7：如果直角三角形的三个顶点都在同一圆锥曲线上，则直角三角形的斜边必过一个定点且该定点位于斜边的中点所在的轨迹（与原圆锥曲线同类型的曲线）上。

笔者通过这一系列探究，感慨良多，正如波利亚关于"蘑菇群"的比喻说法：当你在某处挖到一朵蘑菇时，请你在它周围多挖一挖，可能你会挖到更多的蘑菇。教师在平时的教学工作中，若多思考，多探究，相信也会挖到更多的"蘑菇"。

新课标下基于双向式教学的高中数学
导数教学策略研究

广东省云浮市罗定中学 黄 伟

一、引言

微积分是否列入高中数学教学内容一直存在争议，其在高中数学教材中也经历了几进几出①。2003 年国家教育部颁布了《普通高中数学课程标准（实验稿）》，一改之前高中数学课程大纲"体系严密、逻辑性强"之特点，而更重视了信息教育技术的应用，并引入了探究性学习环节，更加重视学习过程和思想方法的体验，注重应用能力和创新能力的培养，对于课程内容的定位也更清晰②。"导数及其应用"作为一个内容模块出现在《普通高中课程标准试验教科书数学（选修 2 – 2）》的第一章，是新课程改革涉及的重要内容之一，此内容也是沟通高中数学和高等数学的桥梁。当前，由于高考指挥棒的导向性，导数及其应用这块内容的教学有着厚重的教条式特征，普遍存在学生记公式、套解法的现象，重计算而轻对概念本质的理解，长此以往，对学生的归纳抽象、推理能力和创新能力都是不利的，应引起重视，这有悖于新课程改革。因此在导数教学中，应找准教学切入点，突出数学文化本质。

纵观当前关于高中数学导数及应用教学改革研究，其工作主要集中在"老

---

① 中华人民共和国教育部. 普通高中数学课程标准（实验）［M］. 北京：人民教育出版社，2003.

② 中华人民共和国教育部. 普通高中课程标准试验教科书数学（选修 2 – 2）［M］. 北京：人民教育出版社，2013.

大纲与新课标的比较、新老教材比较、课程建设"等方面，教学研究上又可以归结为"学生的认知规律"和"教学策略或教学设计"这两方面，而且关注点多在学生层面上，对于师生双向研究很少，然而教学是师生两元素融合渗透共同作用的过程。在新课标实施多年的背景下，本文以双向式教学为切入点，对导数部分教学内容的教学策略进行一些探讨。

二、双向式教学的内涵

双向式教学的主要目的是，让课堂回归以学生为主的展现形式。双向式强调师生信息流通的渠道都应是闭合回路。教学过程对师生两方面来说都是有控制的信息流通过程。教师和学生要分别对教和学实施有效的控制，都要运用反馈原理，也就是发出信息的过程中都要不断地收集反馈信息，以调整教和学的过程，都必须使信息流通的渠道成为闭合回路，如图1所示。

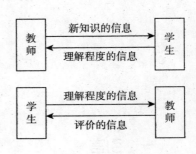

图 1   师生信息流通过程

对教师来说，教师向学生发出了新知识的信息后，就应该从学生那里得到理解程度的信息，以便调整后续的教学；对学生来说，学生向教师发出了理解程度的信息后，也应该从教师那里得到评价信息，以便调整后续学习。不论是教师还是学生，如果信息只是单向传递，即没有得到反馈信息，就会影响教或学的质量。反馈信息可以产生强化效应。如果反馈信息说明原来的教和学符合或偏离了教学目标，师生就都会继续或调整后续的教与学。不论是继续还是调整，都是强化效应。

三、双向式教学模式下的导数内容教学策略

为提升课堂教学的时效性，《新课程标准》把教学看成是师生积极互动、共同发展的过程，只有师生间的互动，才能让课堂焕发活力，为了使课堂更生动更易于学习，首先应该创设问题情境，不断提出问题再解决问题，引导学生突破难点，从而达到教学目标。[1]《普通高中课程标准试验教科书数学（选修2-2）》的第一章的第一节为变化率与导数，包含了变化率问题、导数的概念、导数的几何意义三个内容，高中数学导数概念首先是通过对气球的膨胀率的讨论而提出来的。因此以下以"气球膨胀率"内容为例，提出一些教学策略。

（一）双向环节 1：创设情境

问题 1：体验吹气球，气球在膨胀过程中你的感受如何？

问题 2：请借助物理知识解释你的感受？

问题 3：如何从数学角度而且量化描述气球膨胀的规律？

评析：此环节为了引入变化率而创设了气球膨胀情境。学生根据吹气球过程体验的回忆，普遍得出"刚开始吹气球感觉很轻松，而且气球膨胀较快；随着气球的膨胀，吹气球越来越费劲，气球膨胀变缓"这一直观感受。接着在教师引导下，结合物理知识解释这一现象：吹气球过程中球外的压强不变，但球内的压强变大。吹气球时加大了气球内气体的压强，气球通过增大形变（气球变大）来与之保持平衡。气球形变越大（气球吹得越大），压强越大，这也是气球吹得越大越难吹甚至吹爆（吹气增加的压强超过了气球的张力）的原因。最后，将吹气球这一问题适当简化，提出"如何从数学角度而且量化描述气球膨胀的规律"这一数学问题。其间，教师可以借助于多媒体动画技术展示气球膨胀这一过程，不仅可以让学生看清楚量与量之间的一些变化依赖关系，而且可以巩固物理知识。

（二）双向环节 2：共析问题

问题 1：假设气球膨胀过程中始终保持是一个近似圆球，给出体积的表达式，该表达式中哪些量是变量？

问题 2：为了更好描述膨胀现象规律，如何确定体积函数中的因变量和自变量？

问题 3：如果选定体积为自变量，半径为因变量，当体积变化一个单位的时候，半径改变量是多少？如何定义它？

评析：当把气球膨胀看作一个数学问题之后，应从 3 个方面层层揭开数学建模。首先，将气球始终看作圆球时，其体积函数为：$V(r) = \dfrac{4}{3}\pi r^3$，体积 V 随半径 r 的变化而变化；其次，变量间的依赖关系是可以转化的（自变量和因变量是可以相互转化的），因此可以将体积关于半径的函数转化为：$r(V) = \sqrt[3]{\dfrac{3V}{4\pi}}$；最后，将半径改变量与体积改变量作比值：$\dfrac{\Delta r}{\Delta V}$，特别地，取 $\Delta V = 1$，表示的是当体积改变一个单位时，半径变化的幅度（改变量），在气球膨胀问题中，因为膨胀的指标可以归结为半径，所以将半径变化的幅度称为平均膨胀率。这三个递进式的启发和探索，是一个逻辑结构严谨的问题链，通过教师与学生双向交互式的探讨，不仅学习到了数学知识和用数学知识研究问题的方法，更重要的是体会到了数学的科学价值。

（三）双向环节3：求解问题，发现规律

问题1：半径以 dm 为单位，体积以 L 为单位，分别计算出体积从 0 增加到 1L 和从 1L 增加到 2L 时，半径的改变量是多少？平均膨胀率是多少？

问题2：从平均膨胀率的数值来看，你发现了什么现象，是否与之前物理分析的结果是一致的？

评析： 师生共同计算出 V 从 0 增加到 1L 时的平均膨胀率约为 0.62dm/L；从 1L 增加到 2L 时的平均膨胀率约为 0.16dm/L，体积改变量相等，但是平均变化率却并不相等。可以看出，随着气球体积逐渐变大，它的平均膨胀率逐渐变小了，从数学角度印证了之前物理分析的结论，这样也让学生体验到数学模型与实际问题的密切关系。

（四）双向环节4：问题延伸

问题1：当空气容量从 V_1 增加到 V_2 时，气球的平均膨胀率怎么表示？

问题2：如果将上述函数归结为一般的函数 $y = f(x)$，$\dfrac{\Delta y}{\Delta x}$ 又该怎样定义？

评析： 由于有了前面问题的铺垫，学生计算空气容量从 V_1 增加到 V_2 时的膨胀率不会有太大困难，关键在于明确此时的 ΔV 不一定是 1L，而应表示为 $\Delta V = V_2 - V_1$，则此时的平均膨胀率为 $\dfrac{\Delta r}{\Delta V} = \dfrac{r_2 - r_1}{V_2 - V_1}$。而当 $r(V) = \sqrt[3]{\dfrac{3V}{4\pi}}$ 抽象为一般的函数 $y = f(x)$ 时，学生可以很自然类比构造出比式 $\dfrac{\Delta y}{\Delta x} = \dfrac{y_2 - y_1}{x_2 - x_1}$ 这一特定结构，即函数的因变量 y 随自变量 x 的平均变化率，简称为变化率。通过师生双向互动由浅入深的合作式探讨，抽象的函数平均变化率概念通过设计上述一系列问题并通过问题的解决而水到渠成，教师可以通过继续提问：如何求平均变化率的极限，瞬时变化率又是什么，由此进一步引出瞬时变化率，这样也就理所当然地引出了导数。

四、反思

随着高中数学课程改革的推进，如何改变教学方式方法的研究越来越受到关注。新课标实施成败的关键在于教师，如果教师仅仅局限于拿着陈年教案或是事先准备好的课件去授课，而没有以学生学习需求为切入点，没有凸显学生主体地位，则可能出现学生学习轨迹与教师预设思路偏离，而此时教师却无法及时修改和反馈。因此，教师应积极教学改进，探索适合自己和教学对象的教学方法与策略，在新课标的指导下，构建双向交互式教学的高中数学教学模式，以降低学生的学习困难，提高学生课题参与性和使概念教学的直观化，从而提升教学效果。

数学思维在高中数学不等式教学中的重要性

广东省云浮市新兴县第一中学　彭文涛

　　高中数学作为一门理科性的课程，在教学过程当中不等式是一个非常关键的内容，老师可以应用数学思维让教学过程变得更加简单，学生能够更好地理解和掌握数学知识。应用数学思维的方式来提高教学质量，主要从以下几个方面进行分析，以便更好地在高中数学教学过程中提高学生们的数学思维高度。

一、数学思维的概念和重要性

　　数学思维是高中数学教学过程当中，老师通过不断的教学而积累下来的逻辑推理与方法经验。在数学思维过程当中有很多分类，主要有逻辑思维、形象思维和直觉思维。逻辑思维是通过逻辑来判断推理概括数学知识；形象思维则是通过对某一具体的事例充分认知后而做出的感知；直觉思维则是学生在学习过程中所培养的判断性思维。伴随素质教育改革的不断深入，高中数学思维方面的应用发展得到了推广和使用，在现实生活中方方面面都与数学思维有着紧密联系，学生学习数学思维不仅可以提高自身的文化素质，还可以运用数学知识来解决现实生活问题。所以在课堂当中高中数学的教学要紧密结合实际实践与理论知识，真正做到学以致用。

二、数学思维在高中数学不等式教学中的作用

1. 直接思维

　　直接思维在高中数学教学过程中可以不断提高学生解决问题的效率性。学生通过回忆学习过的知识可以观察数学问题并仔细思考，在思考的过程中，学

生可以迅速通过经验判断得到更加清晰的解题方法与思路，同时在不等式的学习过程当中也会轻松便利很多。

2. 逻辑思维

逻辑思维是高中数学教学过程当中最基本的思维方式。学生充分掌握数学逻辑思维对于解决数学问题起着非常关键的作用，数学本身就具有一定的复杂性，学生在学习不等式过程当中一定要合理地分层次学习。在分析过程当中要注重对数学思想的总结与概括，这可以大大提高学生的逻辑思维判断能力，教师在对于学生的数学教学过程当中要使学生养成良好的解题习惯，通过把复杂的问题抽象化简单化，再进行论证分析处理，逻辑思维的合理运用可以大大提高学生们的学习效率，激发他们的学习热情，提高学生们的数学思维逻辑能力。

3. 发散思维

在不等式教学过程当中发散思维可以对数学问题进行不同方位的讲解与分析。学生可以真正明白学习数学的真谛，同时在发散思维过程当中，学生们数学思维方式都不尽相同，大大提高了学生的数学学习兴趣，学习也变得非常轻松与快乐。老师在与学生讨论不等式过程当中数学教学目标得以实现，同时还能够深入分析和运用不等式。老师在数学教学过程当中，提高了教学效率，提升了教学质量。

4. 分类讨论

数学属性的本质存在差异，区分数学对象为具有相应的从属关系但类型不一样的思维即是分类讨论思想。学习不等式过程当中，分类思想的熟练掌握，对于提升学生对不等式理解获取以及总结能力有着非常大的作用，促进学生们数学知识结构体系的不断完善。

5. 数形结合思想

数形结合思想是通过数字与图形的方式来综合分析数学问题的一种处理方法。学生们在学习数学过程当中经常会遇到数形结合问题，诸如几何题、复数题、向量题以及坐标题。所以学生在学习数学不等式过程当中要充分利用数字与图形相互之间的联系，充分使用图形与数字，才能理解掌握所学到的数学知识，这样学生才能逐步掌握数形结合思想，以图像化的方式来解综合性难题。

6. 函数方程

函数方程思想是通过构造函数方程将复杂的问题转化为辅助性的函数性问

题进行探究的思想方式。在不等式解决过程当中，可以将两个不等式化为函数不等的关系，比如在求解 $f(x)=0$ 的时候，可以去找 $y=f(x)$ 时的零点，同时还要充分考虑数学函数的单调性以及换元思想。老师在不等式教学过程当中要使学生逐渐掌握函数与方程的联系与不同，区分二者的不同性质概念，阐明思想转化过程，方程与函数的思想才可以使学生更加深刻地理解和掌握数学知识，这样才能提升教学质量，提高学生学习数学的热情。

三、总结

在高中数学教学过程当中主要是对数学知识的总结和概括，这些知识紧密联系生活实际，同时不等式在历年高考所考查的比例逐年上升。学生通过熟练掌握这种数学思维方式找到了解决不等式问题的有效途径，而且具有深刻的现实生活意义，对学生的未来产生巨大的影响。所以在高中数学不等式教学过程当中，一定要充分利用数学思维，提高学生学习成效。

探究模式在数学课堂教学中的应用

广东省云浮市云安区云安中学　陈剑锋

一、数学教学中的探究模式的来源

全日制义务教育《普通高中数学课程标准（实验稿）》中指出："学生的数学学习内容应当是现实的、有意义的、富有挑战的，这些内容要有利于学生主动地进行观察、实验、猜测、验证、推理和交流等教学活动。""能通过观察、分析、类比、归纳等获得数学猜想，并进一步寻求证据给出证明或举出反例。"由此可见《普通高中数学课程标准（实验稿）》十分重视培养学生的数学猜想能力。在数学领域中，猜想是合理的、值得尊重的，是负责任的态度①。那么如何构建一个探究型的数学课堂教学模式？本人结合"二项式定理"的教学案例，谈谈自己的看法。

二、以问题为主线，引导学生探究

好的情境能激起学生主动探究问题的欲望，运用数学猜想可以很好挖掘课堂文化的养分，因为它能快捷地激起学生的饱满热情和积极思维，营造学习氛围，让他们主动参与、体会数学知识的探索过程②。探究性学习体现了重过程、重体验、重探究的新课程理念，是构建探究型课堂教学模式的有效手段之一。其课堂教学模式的构建可用图 1 表示。

---

① 波利亚．怎样解题［M］．涂泓，冯承天，译．上海：上海科技教育出版社，2002.
② 孙福义．浅谈中学数学教学中猜想能力的培养［J］．教育实践与研究，2000（10）.

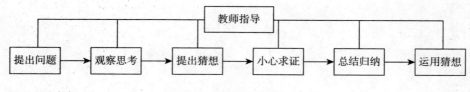

图 1　课堂教学模式构建图

1. 创设情境，提出问题

可创设一个合理的、有一定自由思维空间的问题情境，以激发学生的学习兴趣和求知欲。关于创设教学情境，教师可以根据具体问题对其进行分析，使其能够与某些数学猜想思想产生结合点，并把这些思想方法渗透到情境当中，让学生去思考①。

问题 1：今天是星期一，8 天后，8^2 天后，8^n（$n \in \mathbf{N}^*$）天后是星期几？

生 1：8 天后是星期一，8^2 天后是星期二，8^n 天后就不知道了。

生 2：8 天后是星期一，8^2 天后是星期一，8^n 天后应该也是星期一。

师：为什么都是星期一，你是怎样算出来的？

生 2：因为 8 除以 7 余数是 1，64 除以 7 余数也是 1，估计 8^n 除以 7 余数也是 1，所以它们都是星期一。

师：这位同学的想法对吗？

生（全体）：应该对，但不确定。

师：那么怎样知道 8^n 除以 7 余数也是 1 呢？

评析：导入新课时，教师如果能提出有探索性的问题，就可以诱发学生的猜想，激发学生的求知欲。尽管猜测的结果不一定都正确，但依托课堂情境，联系实际生活，这种猜测仍然是有意义的，因为猜想是数学发展的动力②。

2. 承前启后，引导观察分析

观察力是人的一种重要能力。通过观察数与数式直观获取数学问题，从而去寻找其规律或性质。所以在教学过程中要让学生有足够的时间去观察，同时教师需控制某些条件使观察的结果向所希望的方向发展，不能使学生偏离太远，所以观察是形成猜想的先决条件③。

---

① 郑毓信，肖柏荣，熊萍. 数学思维与数学方法论［M］. 成都：四川教育出版社，2001.

② 波利亚. 怎样解题［M］. 涂泓，冯承天，译. 上海：上海科技教育出版社，2002.

③ 何小亚，姚静. 中学数学教学设计［M］. 北京：科学出版社，2008.

问题 2：$(a+b)^2$，$(a+b)^3$ 的展开式各有几项？每项怎样构成？每项系数有什么特征？按字母排列有什么规律？

让学生自己去发现规律：

让学生运用所学知识：$(a+b)^2 = a^2 + 2ab + b^2$，$(a+b)^3 = a^3 + 3a^2b + 3ab^2 + b^3$.

让学生自己去观察去发现：

（1）次数：各项的次数等于二项式的次数。

（2）项数：次数 $+1$。

（3）每一项都是 $a^k b^{n-k}$ 的形式，$k = 0$，1，$\cdots$，n.

（4）由 $(a+b)^2 = (a+b)(a+b)$ 的展开式可知，展开后其项的形式为：a^2，ab，b^2，它们的系数分别是 1，2，1. 这三项的系数为各项在展开式中出现的次数。若考虑 b：每个都不取 b 的情况有 1 种，即 C_2^0，则 a^2 前的系数为 C_2^0；

恰有一个取 b 的情况有 C_2^1 种，则 ab 前的系数为 C_2^1；

恰有两个取 b 的情况有 C_2^2 种，则 b^2 前的系数为 C_2^2.

$(a+b)^2 = (a+b)(a+b) = a^2 + 2ab + b^2 = C_2^0 a^2 + C_2^1 ab + C_2^2 b^2$；

$(a+b)^3 = (a+b)(a+b)(a+b) = a^3 + 3a^2b^1 + 3ab^2 + b^3 = C_3^0 a^3 + C_3^1 a^2b^1 + C_3^2 ab^2 + C_3^3 b^3$.

评析： 教师通过复习旧知识，引出新知识，采用引导观察的方式，使学生思维处于饥饿和兴奋状态。让每个学生都动手演算，自己独立思考，发现、解决问题，为学生以后的真发现打下基础，这种亲身感受的效果是无法通过多做练习题获得的。

3. 大胆假设，提出猜想

在教师的引导下，学生运用已有的知识和经验，通过观察、分析、归纳、类比，提出自己的猜想。教师组织学生分组或集体进行讨论，使学生进行充分的交流，鼓励学生进行大胆的猜想，在这个过程中教师不作任何的评判，最后汇集所有的猜想。

问题 3：你能得到 $(a+b)^4$ 的展开式吗？$(a+b)^n$（$n \in \mathbf{N}^*$）呢？

$(a+b)^4 = C_4^0 a^4 + C_4^1 a^3b^1 + C_4^2 a^2b^2 + C_4^3 ab^3 + C_4^4 b^4$；

$(a+b)^n = C_n^0 a^n + C_n^1 a^{n-1}b^1 + C_n^2 a^{n-2}b^2 + \cdots + C_n^k a^{n-k}b^k + \cdots + C_n^n b^n$（$n \in \mathbf{N}^*$）.

评析： 这部分让学生通过仔细观察、讨论，师生合作，认真思考，然后鼓励学生大胆用类比的思想，通过已经学过的 $(a+b)$，$(a+b)^2$，$(a+b)^3$ 的展开式猜想 $(a+b)^n$ 的展开式，学生不可能在一次讲解后就会明白、掌握。所以

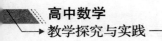

在教学过程中需要反复渗透。

4. 动手实践，证明猜想

数学知识的抽象性与学生思维的形象性是一对矛盾，解决这一矛盾的有效途径就是操作。在学生有了初步的猜想之后，教师要积极鼓励学生开拓思维，给学生营造一种宽松和谐的良好猜想氛围，不限制学生的思维疆域，要通过自己的实践操作，来检验猜想的真伪，从而加深对过程的理解，使数学知识从感性认识上升到了理性记忆[①]。

问题 4：请同学们证明你们的猜想：

$$(a+b)^n = C_n^0 a^n + C_n^1 a^{n-1} b^1 + C_n^2 a^{n-2} b^2 + \cdots + C_n^k a^{n-k} b^k + \cdots + C_n^n b^n \ (n \in \mathbf{N}^*).$$

证明如下：

每个 $(a+b)$ 在相乘时有两种选择，选 a 或 b. 而且每个 $(a+b)$ 中的 a 或 b 选定后才能得到展开式的一项。由分步计数原理可知展开式共有 2^n 项（包括同类项），其中每一项都是 $a^k b^{n-k}$ 的形式，$k = 0，1，\cdots，n$；对于每一项 $a^k b^{n-k}$，它是由 k 个 $(a+b)$ 选了 a，$(n-k)$ 个 $(a+b)$ 选了 b 得到的，它出现的次数相当于从 n 个 $(a+b)$ 中取 k 个 a 的组合数，将它们合并同类项，就得二项展开式，这就是二项式定理。

师：还有什么方法可以证明上面的结论——数学归纳法。

评析：学生和教师一起对刚才所提出的各种猜想逐一进行验证，当学生的猜想与实际结论一致时，他们会感受到成功的快乐，从而以更大的热情投入对新知识的探索中去。

5. 及时梳理，总结猜想

在教师的指导下，学生对刚才所提出的数学猜想进行回顾，使成功的经验、失败的教训在脑中进行沉淀，形成数学猜想能力。

问题 5：请同学们对二项式定理的特点进行归纳

二项式定理：

$$(a+b)^n = C_n^0 a^n + C_n^1 a^{n-1} b^1 + C_n^2 a^{n-2} b^2 + \cdots + C_n^k a^{n-k} b^k + \cdots + C_n^n b^n \ (n \in \mathbf{N}^*).$$

特点：

（1）上式右边为二项展开式，各项次数都等于二项式的次数。

（2）展开式的项数为 $n+1$ 项。

---

① 候月平. 数学猜想教学的实验研究 [D]. 石家庄：河北师范大学数学系，2010.

（3）字母 a 按降幂排列，次数由 n 递减到 0，字母 b 按升幂排列，次数由 0 递增到 n.

（4）二项式系数可写成组合数的形式，组合数的下标为二项式的次数，组合数的上标由 0 递增到 n.

（5）展开式中的第 $r+1$ 项，即通项 $T_{r+1} = C_n^r a^{n-r} b^r$.

（6）二项式系数为 C_n^r，项的系数为二项式系数与数字系数的积。

评析：数学知识具有一定的系统性和连贯性，旧知识是新知识的基础，在总结中把已经验证的猜想与以前所学内容进行联系，从而帮助学生更灵活、更深刻地理解公式、定理和结论，丰富自己的知识体系，并通过归纳总结，把相关知识融会贯通，形成良好的数学认知结构。

6. 学以致用，运用猜想

如果学生满足于知其然，也知其所以然，而不知用其然的话，那么还不能说知识已经掌握了，学以致用才能成就完美①。

问题 6：

（1）今天是星期一，8^n 天后是星期几？

（2）求 $\left(x^2 - 2 + \dfrac{1}{x^2}\right)^3$ 展开式中的常数项。

（3）求 $(x^2 + 3x + 2)^3$ 的展开式中的一次项。

评析：学生沉浸于猜想成功的兴奋状态时，教师不失时机地给学生设计有针对性的练习，让他们用猜想的结论去解决实际问题，使学生的知识得到巩固、深化和发展，有利于调动学生的思维，激发学生的学习兴趣，培养学生运用知识的能力。

三、大胆猜想，质的飞跃

以上的教学模式，教师可根据教学内容特点、学生思维水平灵活调整，不必每节课每个程序都一一照搬，但引导学生猜想的意识不能丢。因为一节探究发现型的数学课往往是猜出来的，要猜得好，猜得巧，就要了解数学猜想形成的方式和特征，教会学生猜想的方法，并把握好结合点适时引导学生大胆猜想、探索，培养他们的创造性思维能力，提高他们的学习积极性，从而使学生的能力得到提升。

---

① 叶顺亚. 以问题探究为主线，让教学设计更有效益［J］. 中学数学教学参考，2011（5）.

翻转课堂的优势与局限性

——以高中数学为例

广东省云浮市罗定市罗定实验中学　郭　绍

近几年，国内涌现出很多课堂教学模式的改革，其中最有代表性的是江苏洋思中学的"先学后教、当堂训练"的模式，还有就是杜郎口中学自主创新的"三三六"模式。其实，不但在国内，其实国外教育工作者也在不断尝试、探索、创新。其中，2007年开始出现的翻转课堂是其中一种比较典型的、效果比较好的课堂模式。这几年，在全球很多地方都在推行这种比较新颖的课堂模式，让教学效果得到了比较大的提高①。不过，关于翻转课堂，我们接触得其实并不是很多。下面笔者就将自己的一些思考和实践心得和大家分享。

一、翻转课堂的优势

1. 翻转课堂翻转了传统教学模式的时间分配

传统的教学方法，一般就是凯洛夫五步法：组织教学—复习旧课—讲授新课—复习巩固—布置作业②。在一节课45分钟时间里，教师讲课的时间约占90%左右，剩下的10%时间才属于学生自己。翻转课堂的时间安排是：学生在课前通过观看视频，基本上掌握课堂上所要学习的内容，并且尝试做一

---

① 邹景平．翻转课堂的起源与成功［J］．中国远程教育，2012（14）：31-33.
② 陈立群．翻转课堂与传统教学方式的差异［J］．中国教育新闻网——中国教育报，2014.

些练习，巩固知识点。课堂上，教师只是针对学生对知识点理解上比较容易出现偏差的地方进行深入讲解，对知识进行内化、提高，并和其他知识进行整合。

高中数学翻转课堂案例一

内容：高中数学必修 5《1.2 正余弦定理的应用》。

教学目标：

（1）能灵活应用正余弦定理解决实际问题。

（2）通过学生自主学习，提高自身学习能力，提高自身数学素养。

重点：使用正弦、余弦定理解决实际问题。

难点：如何根据题目条件，快速选取正弦或余弦定理解题。

准备工作：提前制作大约 10 分钟的相关知识点讲解的视频，并上传到网上。

要求：学生在家观看有关知识点讲解的视频，然后利用 30 分钟左右尝试解决几类相关的实际问题，并自己总结出解决相关类型问题的关键点、切入点和解题思路。在课堂上，针对自己在学习过程当中产生的一些疑问和困惑，和同学们进行交流，也可以向老师提出自己的想法，教师再给学生强化知识的系统性。

由上述课例实践可知，翻转课堂上，是不会出现教师长时间进行讲授课程，学生被动接受知识的情况。时间分配上，更多的是让学生自主学习，思考和尝试提升。

2. 翻转课堂翻转了传统教学模式课堂设计

翻转课堂彻底翻转了传统教学模式的课堂设计。传统的课堂教学模式是教师在课堂上讲课，布置家庭作业，然后让学生课后练习。翻转课堂的不同在于创建教学视频和组织课堂活动，学生先通过视频完成知识点的学习，课堂则变成教师与学生、学生与学生之间互动的场所，从而有针对性地答疑解惑，以达到更好的教学效果。

高中数学翻转课堂案例二

内容：高中数学必修1《2.2.2 对数函数及其性质（一）》

【课前学习】

布置学生观看微视频：《2.2.2 对数函数及其性质（一）》

【课堂教学过程】

（1）了解学生对微视频的学习有什么收获和疑问。

（2）教师提出问题：①通过课前的观看视频，请大家说说自己对对数函数的理解：函数 $y = \log_a x$（$a > 0$，且 $a \neq 1$）叫作对数函数，定义域为（0，$+\infty$），值域为（$-\infty$，$+\infty$）；②对数函数的图像有什么特点，图像和函数解析式当中的哪个参数有直接的联系？③学生总结对数函数的性质。

（3）讲解范例。

（4）巩固练习：教材第73页练习第1题。

（5）课堂小结。

① 对数函数定义、图像、性质；

② 对数的定义，指数式与对数式互换；

③ 比较两个数的大小。

【课后作业】

3. 翻转课堂翻转了教师授课观念

翻转课堂深层次地翻转教师的授课观念，因为在传统的教学模式下，教师都是课堂的主导，学生怎么学，掌握到什么程度，所有的一切，都是掌握在教师的手里。但是，在翻转课堂模式下，这个主动权却是掌握在学生手里，他们在家里什么时候看视频进行学习，什么时候休息一下，对某个问题要研究到什么程度，或是要重复观看教师对某个知识点的讲解，这一切都是学生说了算。所以，教师的观念要改变，要从课堂主导者转变为助导者，在课堂上要想办法让学生的知识能够系统化、完整，能够极大地进行深化，合纵连横。总的来说，老师的授课观念必须要加以改变，否则根本适应不了翻转课堂模式下的教学。

4. 翻转课堂翻转了学生在学习中的地位

翻转课堂之所以受学生欢迎，其实这方面也是有很大的关系。在传统的教学模式里，学生只能坐在教室里面，处在一个被动者的位置，被动地接受老师教授的知识，但是在翻转课堂里面，让他们把握了学习知识的主动性，不再是传统教学模式的被动接受。另外，还可以反复观看视频，针对自己的学习情况，将模糊概念的讲解、例题的分析、习题的推演等方面进行不限制次数的观看，直到真正理解概念，掌握解题方法为止。避免了传统课堂上，老师讲解一次后，学生不是很理解，但是不敢再次要求老师重新讲解的尴尬。

5. **翻转课堂翻转了学生接受知识的思维方式**

传统教学模式中，学生都是习惯了听老师讲，然后自己被动地接受课堂上的知识。其实，这样的教学方式，仅仅是将知识简单地从教师身上传承到学生身上，并没有将知识加以升华，加以深化。而学生也不会将比较分散的知识进行系统归类、整合，所以，学生学习的思维很难得到比较大的提高。但在翻转课堂模式中，学生却是很主动地进行思考和分析，将自己的想法通过不断的尝试，融入知识的学习当中。这样，学生学到的不仅仅是知识，自己接受知识的思维方式都将全面升级，得以优化，从根本上提高个人的综合能力。

6. **翻转课堂翻转了教师的知识系统**

传统教学模式下的教师，只要专业知识扎实，教学技能过关，对我国学生的评价机制充分熟悉，对课程标准足够了解，然后，能给予学生适当的应付考试的技巧，那么，也能做一个出色的老师。因为这样的教师能让学生考出好成绩，能让家长感觉到脸上有光，于是，就会对自己子女的老师非常推崇。但是，在翻转课堂模式下，仅仅是有学科的专业知识，还远远不够，因为，翻转课堂首先要求教师能将教学内容制作视频，然后上传到互联网，让学生在家中通过网络就可以进行学习，同时，教师也要在网上和学生进行同步的交流。无论是制作视频，还是在网上平台上和学生交流，都要求教师在计算机技术方面有相当的水平。另外，课堂上，已经不是教师讲知识点为主，而是帮学生对知识的重点、难点及疑惑点进行解释、点评，帮学生内化知识。于是，教师对学生心理的把握要非常到位，要提前预见到学生通过网络自学后，会出现多少可能的疑问和困惑，所以，这些方面对教师在教育学、心理学方面的知识要求更是提高到了一个比较高的层次。

二、翻转课堂的局限性

翻转课堂的确是课堂教学改革浪潮中非常出色的一朵浪花，它向我们的课堂注入了新元素，让学生真正感觉到学习掌握在自己的手中。不过，翻转课堂教学模式也有比较明显的局限性。

1. 对计算机网络硬件和软件的要求比较高

在翻转课堂中,教师要完成教学视频的录制工作,就需要了解甚至掌握网络视频制作工具的使用、音频技术、视觉表达、教学内容分割和教学案例数字化处理以及资源上传和下载等一系列查找和制作资源的技术问题。虽然现在很多地方的网络技术非常普遍和发达,但是对于一些落后的地方,比如一些山区学校和经济比较落后的地方,学生接触计算机的机会还不是很大,要让他们在网上观看视频进行学习的话,是不大可能的。所以,如果要在大范围推广翻转课堂教学模式,在今后相当长的时间内是不大现实的。

2. 转变学生、家长、学校和教师的观念,是一个比较艰巨的任务

传统教学模式已经在大家的观念中根深蒂固,要接受这个全新的教学模式,对大家观念的转变是一个巨大的挑战。首先,学生能主动观看视频,完成一些思考性的问题和练习,掌握相关知识并且可以灵活应用。在传统教学模式下,这是很难做到的。另外,有很多家长担心使用网络视频会增加孩子的学习时间,看屏幕的时间增加会影响视力。甚至也有家长认为使用多媒体教材和直接读纸质材料并无太大区别,同时担心有些学生会跳过学习过程直接去看老师给出的答案。学校方面,在集中晚修时允许学生看视频,或者同意学生在课堂中使用移动学习设备,这对学校的管理也是一个挑战①。

3. 学习效果完全由学生的学习自觉性决定

在没有老师监督的情况下,并不是每个学生都能自觉完成学习任务,并且课堂上缺少了教师的及时指导和释疑,缺少教师的肢体语言和人格魅力,教学效果可能也会打折扣。

三、结束语

翻转课堂是一种新型的教学模式,它有很多优点是传统教学模式不能媲美的,它翻转了传统教学模式的很多环节,但是,要全面推行短期内可能性不大,但它的出现却是体现了一种创新进取、勇于探索的精神。

---

① 赵兴龙. 翻转教学的先进性与局限性 [J]. 中国教育学刊,2013 (4).

高中数学教学中示错教学的应用

广东省云浮市郁南县蔡朝焜纪念中学 谢灿辉

当前新课改形势下，教师必须充分运用多种教学方法，从多个角度、多个层面提高学生的学习效果。示错教学对于提高学生的学习效果有着非常明显的作用，因此，在高中数学课堂教学中，有必要广泛应用示错教学方法进行教学。

一、高中数学课堂教学中示错教学方法的含义和特征

1. 示错教学方法的含义

在众多的高中数学教学方法当中，示错教学是一种非常有效的教学模式，是指在讲解例题的过程中，教师有目的性地故意造成一种在学生当中容易或者普遍出现的错误，从而加深学生记忆，避免在以后的学习过程中出现类似错误，进而达到教学目标的教学手段。在当前新课改背景下，示错教学模式不仅符合高中数学的学科特点，而且也能够有效提高学生的学习效果，因而被相当一部分一线数学教师所广泛采用。

2. 示错教学方法的特征

和其他的教学模式比起来，示错教学有的特征相对明显①，主要有：第一，潜在的目的性较强。示错教学中的错误示范带有较强的目的性，可能很多学生在课堂上很难感受到这种目的，但教师往往是有意识地进行示错教学。第二，师生之间的互动性较强。示错教学需要教师在课堂上将学生易于发生的错误演示出来，其目的是加深学生的印象，避免以后发生类似的错误，因此，在这一

---

① 刘群. 高中数学教学中示错教学的策略［J］. 赤子（上中旬），2015（24）：294.

过程中必须非常重视和学生的沟通和互动。第三，对学生的参与度要求较高。示错教学尽管是教师有目的性的授课行为，但其对于学生的参与度要求也非常高，否则就很难在学生心中留下足够深的印象。

二、高中数学课堂教学中示错教学的应用

1. 在导入新课过程中应用示错教学

在导入新课时，教师可以结合学生将要学习的教学内容，精心设计示错案例，以便吸引学生的注意力。与此同时，教师还应当积极引导学生的思维，启发学生独立进行思考，帮助他们真正理解课堂的教学内容，提高他们数学知识的掌握应用水平。

比如，在《正切函数的图像与性质》的教学过程中，教师可以在授课前首先要求学生独立画出正切函数 $y = \tan x$ 的图像，并在学生画完之后，由教师选择一部分错误较为典型、较为普遍的图像在课堂上展示，如有学生将正切函数图像画成如正弦函数等有界函数图像的，也有将正切函数图像画成如 $y = x^3$ 在实数集 **R** 上的连续函数图像的等①。最后，教师再引导学生对错误的图像进行讨论和交流，指出相应的错误，并引导学生将正切函数 $y = \tan x$ 的图像画出来。

在本案例当中，教师要求学生在授课前独立画出正切函数 $y = \tan x$ 的图像，其主要目的就是让学生将易于发生的错误暴露出来，之后再采用示错教学的方式引导学生在讨论和交流中真正理解正切函数 $y = \tan x$ 的内涵。可以说，这种方式能够较好地启发学生的数学思维②，并在学习错误的过程中，真正理解和把握数学知识，从而切实提高高中数学的教学效果。

2. 在巩固知识的过程中应用示错教学

高中数学教学过程中需要学生记忆大量的数学概念、公式、定理、法则等，这是学好数学的基础和前提③，因此，学生必须熟练掌握。为此，有必要应用示错教学方式，帮助学生加深对知识的理解程度，从而真正掌握数学知识。

① 吴海丽. 试析高中数学教学中示错教学的策略 [J]. 黑龙江科技信息，2016（24）：118.
② 唐昌炎. 创新学习模式在高中数学课堂教学中的应用 [J]. 中国校外教育，2013（11）：42.
③ 于秀莲. 关于高中数学教学中"示错情境"的设计与思考 [J]. 中国校外教育，2013（28）：120.

比如，在《直线的方程》教学过程中，当得出直线点斜式方程 $y - y_1 = k$ $(x - x_1)$ 后，教师随后提问：$y - 2 = k (x - 2)$ 可以表示经过点（2，2）的任意一条直线，这一说法是否正确。

在知识巩固阶段中应用示错教学方法，能够有效培养学生的质疑精神，启发他们的思维水平，并且，通过质疑和讨论，学生也可以加深对各知识点的理解和把握程度，降低错误发生的概率，从而切实提高教学质量。

3. 在应用拓展的过程中应用示错教学

高中数学教学过程中，教师必须充分结合学生的实际学习情况，有针对性地进行课堂教学，帮助学生对知识进行深化应用，拓展他们的数学水平①。为此，在应用示错教学的过程中，教师不能简单地对错误进行演示，而是应当对知识点进行适度的延伸，并积极引导学生探索发生错误的原因，找到解题的正确方法，从而不断提升学生的数学思维能力，促使学生逐步掌握分析问题、解决问题的能力，进而实现教学目标。

比如，在"函数的简单性质"教学过程中，如题：设 $f (x)$ 为定义在 $\mathbf{R}$ 上的奇函数，且当 $x > 0$ 时，$f (x) = -4x^2 + 6x - 1$，求当 $x < 0$ 时，$f (x)$ 的解析式。在学生独立解题的过程中，A 学生的解法如下：$\because f (x)$ 为定义在 $\mathbf{R}$ 上的奇函数，$\therefore f (-x) = -f (x)$，又 $\because$ 当 $x > 0$ 时，$f (x) = -4x^2 + 6x - 1$，$\therefore$ 当 $x < 0$ 时，$f (x) = -f (-x) = - (-4x^2 + 6x - 1) = 4x^2 - 6x + 1$. 而学生 B 的解法则为：$\because f (x)$ 为定义在 $\mathbf{R}$ 上的奇函数，$\therefore f (-x) = -f (x)$，又 $\because$ 当 $x > 0$ 时，$f (x) = -4x^2 + 6x - 1$，$\therefore$ 当 $-x < 0$ 时，$f (-x) = -f (x) = - (-4x^2 + 6x - 1) = 4x^2 - 6x + 1$，$\therefore$ 当 $x < 0$ 时，$f (x) = 4x^2 - 6x + 1$.

本案例中的错误一直是不少学生经常犯的错误之一，教师可以在课堂上画出该函数的草图让学生自主进行判断，之后再对问题产生的原因进行深入分析，引导学生正确解题，提高他们的学习效果。

4. 在课堂小结过程中应用示错教学

课堂小结是教师引导学生对本节课所学内容的再认识和再总结，对于学生巩固学习成果有着重要的作用。为此，教师在这一阶段中也不应忽视采用示错教学方法进行教学，从而通过学生的质疑来促使他们对各知识点进行梳理，进而查漏补缺，提高知识掌握水平。

---

① 王建坤．浅谈高中数学课堂教学的有效性［J］．中国校外教育，2014（23）：193.

如题，当 $x \neq 0$ 时，求函数 $y = x + \dfrac{1}{x}$ 的值域。

解：$\because y = x + \dfrac{1}{x} \geq 2 \sqrt{x \cdot \dfrac{1}{x}} = 2$，

$\therefore$ 函数 $y = x + \dfrac{1}{x}$ 的值域为 $[2, +\infty)$.

本案例中，教师通过类似例题可以对课堂的主要内容进行回顾和考核，加深学生对利用基本不等式求和的最小值时要注意的几个要素的记忆，从而更好地帮助他们对所学内容进行归纳和梳理。

三、结束语

总而言之，随着新课改的不断深入，在高中数学课堂教学中应用示错教学已经成为一种非常有效的教学方法，其可以站在学生的视角下对数学学习过程中容易发生的错误以不同的角度进行示范，从而促使学生对错误的原因进行了解，并掌握正确的解题思路，避免在将来发生类似的错误，进而提高数学知识掌握水平。另外，示错教学还能够有效提高学生的主体地位，提高他们学习数学的积极性和主动性。

试论高中数学教学优化途径

广东省云浮市郁南县西江中学　钟凤欢

数学学科担负着培养学生分析能力、逻辑能力的重任，对于学生的发展发挥着重要的作用。现在高中数学学科教学的效率虽然得到了一定的提升，但是整体上教学的效率还较低，部分学生的数学学科基础不太好，学生缺乏主动学习数学学科知识的积极性，数学学科教学的效果不太理想。因此，探索改进数学学科教学的方法，努力构建高中数学有效课堂，非常迫切。

一、趣味引入新课

数学学科的知识逻辑性较强，有的知识理解起来不太容易。如果教师教学的方法不足以吸引学生的眼球，学生对于枯燥的知识就较难接受。因此，如何让学生在有趣的、欢乐的氛围中学习数学学科知识，是一个值得数学教师深究的课题①。数学学科教学的实践表明，通过设计趣味性较强的课程导入，能有效地活跃数学学科课堂氛围，引发学生探索数学学科知识的积极性。

例如，在学习人教 A 版高中数学"空间几何体"这部分知识时，教师可以通过多媒体展示一些空间几何体的图片。学生立刻被这些有趣的图片吸引，教师趁势提问：请同学们观察一下这些图片，说一说这些图片有什么相同的特点？教师放映的图片以及提出的问题，引发了学生探索的积极性，学生们立即思索、讨论，课堂瞬时变得热闹起来，接下来教师就可以引入新知识的教学了。这样，教师就通过设置有效的课程导入，激起了学生探索数学学科知识的热情，营造了活泼热闹的教学氛围，自然地引入了数学学科新知识。

---

① 王粉粉. 新课程背景下高中数学高效课堂教学策略探究［D］. 延安：延安大学，2016.

二、设计恰当的教学情境

1. 设计生活情境

虽然说数学学科的知识比较抽象，但是数学在生活中的应用却十分广泛。小到去超市购物结账，大到建筑工程设计等，都能看到数学的影子。教师在数学学科教学中，可以将抽象的数学学科知识，融入学生熟知的生活情境中。这样就可以将原本学生认为高高在上、不可触及的数学学科知识，拉回到充满生活气息的情境中，使学生不再害怕学习数学，产生亲近感，有助于激起学生学习数学学科知识的积极性①。教师在设计生活情境时，要注意找准数学学科知识与生活联系的点，以避免创设的数学学科生活情境过于生硬、牵强。只有创设的生活情境使学生感觉十分熟悉，才能收到良好的效果。

2. 设计问题情境

在数学学科教学中，设置问题情境，就是教师通过设计一连串与新知识相关的问题，学生通过逐个击破这些问题，学会数学学科新知识。学生通过一步一步地思考、探索和解答，不仅在更深的层次上理解了数学学科知识，而且能使学生学习数学学科的信心得到强化，从而不断优化数学学科教学的效果。

教师在设置数学学科问题情境的过程中应注意，问题的设计要经过多方面的考虑。首先，教师要关注所提问题的难易程度。教师在设计数学学科的问题情境前，要先对学生的数学学科学习情况做一个整体分析，确保设计的问题适合学生进行探索。其次，问题的设计要关注梯度及关联性。教师设置的问题应该坚持从简到难的原则，而且下一个问题应该是由上一个问题延伸出来的。只有这样，学生才能在充满探究性的问题中，越来越接近数学学科知识，才能加深对数学学科知识的认识，提升数学学科学习的效率。

三、引导学生自主探索

新时代的数学学科教学理念倡导把数学课堂还给学生，鼓励学生在教师的引导下自己探究数学学科知识②。这是因为在以往的数学学科教学中，主要是教师在课堂上按照自己的教学计划口头讲述，学生只能呆板地坐在座位上听。

---

① 王丽娜. 关于高中数学课堂教学有效性的研究 ［D］. 西安：陕西师范大学，2013.
② 郭长华.《新课程标准》下高中数学课堂教学有效性的研究与实践 ［D］. 石家庄：河北
师范大学，2012.

在这种模式的数学学科教学中，教师只是看上去完成了教学的任务，事实上却缺少对学生学习体验的关注。在这个过程中，学生没有被提供发言、探讨的机会和平台，也就无法进行独立思考，缺少自主生成知识的一个过程与体验。缺少学生亲身体验的知识学习过程，教学的效果必然不理想。

教学的艺术，贵在留白，即教师不要把课堂的时间安排得过满，要留给学生一定的探索空间。教师可以结合学生已经学过的数学学科知识，或者学生在生活上的经验，提出一个可供学生一起合作探索的问题，在探索的过程中接触、学习新知识。在这个过程中，如果学生大部分都掌握了某个知识点，教师就可以在这个方面一带而过，着重讲解大部分学生没有吃透的知识点。这样，教师对于课堂时间的分配会更加科学，教学的效率自然会得到提升。

四、结束语

总之，在高中数学学科的课堂教学中，通过采用趣味引入新课、设计恰当的教学情境，以及引导学生自主探索三个方面的策略，有助于引发学生探索数学科学知识的热情，创造热闹、活泼的教学气氛，能有效提升课堂教学的效率，切实提升学生数学学科素养。